阿濱茂樹
AHAMA Shigeki

図書館と情報モラル

青弓社

図書館と情報モラル
●目次

まえがき————009

第1章
情報社会の光と影————011

1-1 情報通信技術の発達と高度情報社会————012
- 1-1-1 情報社会の変化————012
- 1-1-2 情報システムの進化————013
- 1-1-3 電子書籍————016
- 1-1-4 電子教科書————019
- 1-1-5 ICTを活用した教育————020

1-2 情報社会でのメディアの問題と課題————022
- 1-2-1 信憑性が低いメディアからの情報————022
- 1-2-2 進化するメディアへの対応————023
- 1-2-3 SNS————024
- 1-2-4 クラウドコンピューティング————025
- 1-2-5 情報メディアの活用による問題————026
- 1-2-6 子どもたちを対象にしたサイト————027

1-3 情報モラルの必要性————029
- 1-3-1 情報社会と情報モラル————029
- 1-3-2 情報社会と生涯学習————030
- 1-3-3 情報モラル教育の内容————032

1-4 学習指導に関わる情報モラル————033
- 1-4-1 学習指導要領での情報モラルの取り扱い————033
- 1-4-2 危機管理————036

1-5 ケーススタディ————038
1-6 まとめ————041

第2章
個人情報とプライバシー————043

2-1 図書館業務に関する個人情報の扱い方とプライバシー保護の考え方————044
- 2-1-1 個人情報とプライバシーの概要————044
- 2-1-2 個人情報の漏洩————046

- 2-1-3 個人情報流出の事例 —— 048
- 2-1-4 個人情報の不正な取引 —— 049
- 2-1-5 OECDプライバシー・ガイドライン —— 050
- 2-1-6 個人情報保護法 —— 050
- 2-1-7 個人情報漏洩防止の手段 —— 053
- 2-1-8 プライバシー —— 054
- 2-1-9 プライバシーマーク —— 055

2-2 図書館・学校業務として収集・管理すべき個人情報について —— 056

- 2-2-1 図書館業務に関わる個人情報 —— 056
- 2-2-2 利用者の登録 —— 058
- 2-2-3 個人情報保護に関する規則 —— 059
- 2-2-4 学校の教育活動に関わる個人情報 —— 061
- 2-2-5 管理者としての心得 —— 063

2-3 個人情報とプライバシーの関係について —— 066

- 2-3-1 業務とプライバシー —— 066
- 2-3-2 安心・安全とプライバシー —— 067
- 2-3-3 児童・生徒のプライバシー —— 067
- 2-3-4 進化する技術に対応したプライバシー —— 068
- 2-3-5 SNSの個人情報とプライバシー —— 070

2-4 ケーススタディ —— 072

2-5 まとめ —— 074

第3章 知的財産とは何か —— 075
——著作権と産業財産権

3-1 一般的な著作物の扱い —— 076

- 3-1-1 情報社会の知的財産 —— 076
- 3-1-2 知的財産の構成 —— 076
- 3-1-3 著作権の概要 —— 078
- 3-1-4 著作権の利用 —— 082

3-2 学校図書館での著作物の扱い —— 090

- 3-2-1 引用の指導 —— 092
- 3-2-2 自由利用マーク —— 093

3-2-3 学校運営のための著作権対応————093
3-2-4 児童・生徒の学習成果としての著作物————094
3-2-5 学校図書館と公共図書館の違い————094

3-3 学校図書館での産業財産の取り扱い方————095
3-3-1 ソフトウェアに関する知的財産————097

3-4 ケーススタディ————098
3-5 まとめ————103

第4章
図書館での情報モラルの指導実務————105

4-1 情報社会における図書館の学習指導————106
4-2 ウェブページ制作による情報発信————109
4-2-1 ウェブの基本————109
4-2-2 ウェブページ作成の基本————110
4-2-3 ウェブページ制作時の注意ポイント————110
4-2-4 情報発信する責任————111
4-2-5 ユニバーサルデザイン————112

4-3 情報検索と学習指導————118
4-3-1 図書館での情報検索————118
4-3-2 検索した情報を評価する方法————119
4-3-3 メディアリテラシー————119
4-3-4 インターネット広告————121
4-3-5 表現される情報と基になるデータ————122
4-3-6 グラフ化された情報————122
4-3-7 メディアリテラシー教育の実際————124
4-3-8 新しい技術を用いた情報検索の評価————124
4-3-9 教育用データベース————124
4-3-10 専門家に問い合わせる場合————130
4-3-11 ラーニングコモンズ————130
4-3-12 目的外利用に対する対応————133

4-4 ケーススタディ————134
4-5 まとめ————135

第5章 これからの情報モラル教育 ——137

5-1 情報モラルと情報技術セキュリティ ——138
- 5-1-1 情報通信機器の進化 ——138
- 5-1-2 サイバー犯罪 ——141
- 5-1-3 不正アクセス ——142
- 5-1-4 不正アクセス禁止法 ——143
- 5-1-5 IDとパスワードの重要性 ——144
- 5-1-6 生体認証 ——145
- 5-1-7 フィルタリング ——146
- 5-1-8 アクセス制限 ——147
- 5-1-9 暗号化 ——148
- 5-1-10 コンピュータウイルスとスパイウェア ——149

5-2 教育におけるこれからの情報モラル ——151
- 5-2-1 学校教育としての情報モラル ——151
- 5-2-2 情報モラルの指導 ——152
- 5-2-3 生徒指導・生活指導としての情報モラル ——154
- 5-2-4 ネットいじめ ——154
- 5-2-5 ネットいじめの対策 ——156
- 5-2-6 インターネット上での情報削除 ——157
- 5-2-7 プロバイダ責任制限法 ——159
- 5-2-8 サーバに記録された情報 ——161

5-3 図書館におけるこれからの情報モラル ——161
- 5-3-1 図書館におけるメディア ——161
- 5-3-2 利用促進の指導 ——164
- 5-3-3 利用規約・運用規約の作り方 ——164

5-4 まとめ ——166

参考文献 ——167

あとがき ——169

イラスト——酒井 藍
デザイン——大原真理子／山田信也［スタジオ・ポット］

まえがき

　知識が豊かな生活を支える知識基盤社会のなかで、図書館や学校図書館の役割はますます広範囲になり、重要になっている。

　同時に、高度化する情報社会のなかで、情報メディアやそれを扱う機器の発達も加速度的になり、インターネットを利用してさまざまなことができるようになってきた。しかし、インターネットに関する出来事は技術やサービスなどの便利な側面が先行し、ルールや法律などの規制が間に合っていない現状がある。

　図書館や学校図書館でも、情報メディアを取り扱う事例は増加していて、市民が快適な情報社会で生きるためには情報通信機器を使いこなす能力だけではなく、適切に振る舞い、情報社会に参画しようとする「情報モラル」も求められる。

　図書館のメディア資料を活用する支援や指導だけではなく、利用者の個人情報やプライバシーを管理する業務に従事する専門職である司書・司書教諭として、情報システムを利用する際にセキュリティ技術や危機管理などの知識や技術を身につけておく必要がある。また、情報教育の観点から、情報を適切に受信・発信するだけでなく、受け取った情報をいろいろな角度から読み解くメディアリテラシー能力なども大切な素養だといえる。

　本書では、第1章で情報通信機器の発展によって変化してきた情報社会の概要を解説し、情報モラルの必要性を述べた。第2章、第3章では、個人情報や知的財産に関する図書館業務で配慮が必要な内容について、法律や制度などの観点から解説する。また、個別の場面で対応が求められる事項について、ケーススタディとして考え方や対処法についても言及する。第4章では、図書館での学習指導について円滑なコミュニケーションに関する学習指導だけでなく、ユニバーサルデザインやメディアリテラシーの観点からも解説する。第5章では、身の回りの機器の進化について技術的な観点から解説し、情報社会のなかで安全・安心を確保するための考え方を述べる。いずれも、情報社会で大きく変化しながら

も、社会に求められる要素が増加しているテーマである。

　本書は、情報社会で図書館に携わる人が少しでも円滑に業務を遂行し、情報社会で図書館利用者が被害者にも加害者にもならないようにサポートしていけることを願って執筆した。本書を通じて、情報社会での学びを情報モラルの観点から手伝うことができれば幸いである。

第1章
情報社会の光と影

1-1 情報通信技術の発達と高度情報社会

1-1-1 情報社会の変化

　高度情報社会では、情報通信機器やネットワークが進化することによって社会的に便利になった半面、社会的な問題も顕著になっている。

表1　情報社会の光と影

情報社会の光 （社会的に便利になったこと）	情報社会の影 （社会的に問題になっていること）
情報の流通が膨大 情報検索が容易 個人の情報発信が容易 電子掲示板やSNSなどによる円滑な交流 電子図書館、電子博物館、電子美術館 電子書籍、電子教科書 電子商取引 e-learning ICタグによる商品や書籍の管理 電子錠などのセキュリティの向上 クラウドコンピューティング ブロードバンド回線による動画配信	個人情報の流出 プライバシーの侵害 人権侵害（誹謗・中傷）、ネットいじめ 知的財産権の侵害 不正アクセス なりすまし コンピュータウイルスやスパイウェア 迷惑メール・チェーンメール 電子商取引の詐欺 有害な情報 ネット依存症やテクノ不安症 違法な取引 デマや不適切な情報の流布 高額な通信料金 ディジタルデバイド（情報格差）

　情報社会の光の部分の恩恵をより多く受けて快適な生活を送るためには、影の部分に対して正確な知識をもち、毅然とした態度でそれに向き合い、適切に対応することが求められる。また、国や行政機関だけでなく個人のレベルでも、情報社会で安全に生活するための法律・ルールの制定や技術の導入が求められている。

　特に、情報社会のなかで私たちが慎重に対応しなければならないこととして、情報の光の部分か影の部分かを容易に判断できないグレーゾーンがある。これまでは、社会で便利なことや問題になることは、社会的に善悪の判断が緩やかになされ、子どもたちがその基準に基づいて行動することが主流だった。しかし、機器やシステムの変化が激しく、社会的な判断が正しくなされないまま、流行やブームに乗って社会が変化する現象が見られる。

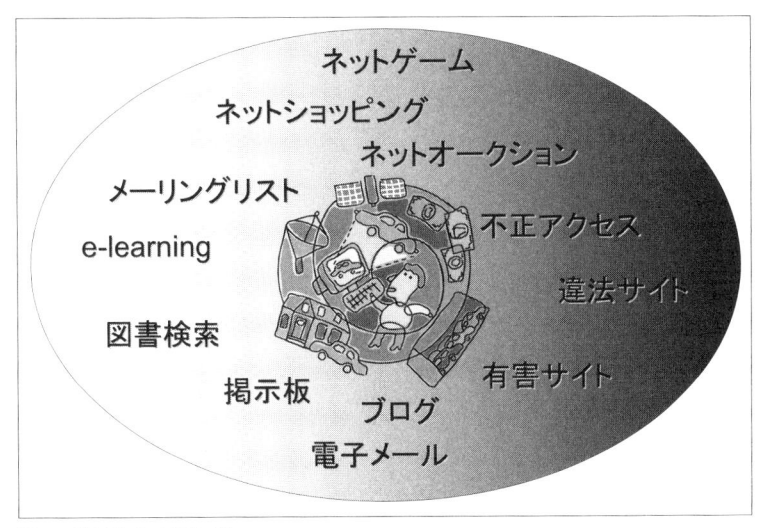

図1 情報社会の光と影

　したがって、私たちは、図1のように情報社会の光と影の部分が存在することを十分に理解したうえで、情報社会に関わっていく覚悟が必要である。

1-1-2　情報システムの進化

　情報社会の光の部分の1つである情報検索システムは、図書館などに所蔵された資料を探し出す際に利用されはじめ、現在では、ネットワーク上に蓄積されたさまざまなデータを探し出すシステムになっている。従来の羅列された文字だけでなく、無秩序に格納された文字情報から必要とされるものを容易に探し出すことができる。
　特に、膨大なデータ群であるビッグデータから特定の資料に関するデータを探し出すのは、数年前では考えられないくらい迅速にできるようになってきた。
　また、情報システムの進化は、検索に関する技術だけでなく、資料を管理したり、さまざまなデータを入力したり処理したりする際にも役立っていて、作業の効率化に一役買っている。

図書館業務に関するシステムの変化として、ICタグを用いた書籍などの資料管理が高度な進化を遂げている。

　古くから用いられてきた冊子やカード目録での番号や記号による管理からコードによる管理になり、コードを管理する手段も目視・手作業からバーコードでの管理、RFIDを用いた管理などの技術へと進化した。バーコードやRFIDを用いると、システムへの入力を機器を用いて自動的におこなえるので、瞬時に入力できるだけでなく、不慣れな人の操作を手助けすることもできる。他方、多くのデータを電子ファイルとして保存することになるため、管理に配慮を必要とする。

　バーコードやICタグを利用するメリットとデメリットは下記の表のとおりである。

表2　バーコードやICタグの特徴

	メリット	デメリット
バーコード	バーコードスキャナが安価	バーコードの汚損や破損によって情報を読み出せなくなる可能性がある
接触型ICタグ	通信エラーが発生しにくい	ICタグの部分が汚損や破損することによって情報を読み出せなくなる可能性がある 読み取りシステムのメンテナンスが複雑
非接触型ICタグ（RFID）	読み取りの利便性が高い 読み取りシステムのメンテナンスが容易	読み取り装置が高価

　非接触型ICタグ（RFID）を用いると、書架に設置したアンテナが書籍の帯やカバーシートに貼り付けたICタグの位置を感知し、書架から取り出されたことを把握することができる。同様に貸出システムと連動させることによって、誰がどの資料を借りようとしているかをより容易に把握することができる。さらに、図書館の出入り口にアンテナを設置することによって、資料の持ち出し管理も簡易化できる。

　最新の管理システムでは、書架から該当資料が利用者に何回手に取られたか、どのくらいの時間手に取られていたか（これによって、目次を見た程度か、中身をある程度読んだか推測できる）の把握が可能になっている。

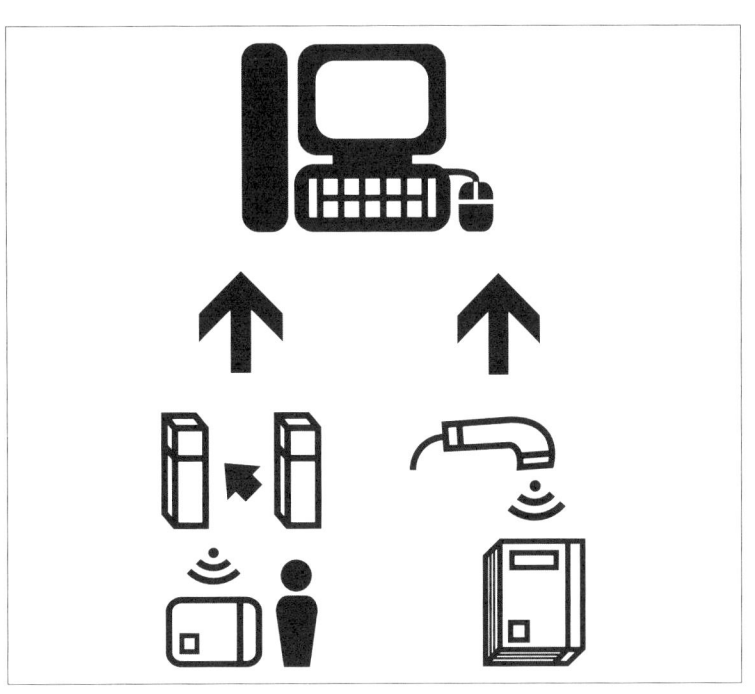

図2　RFIDを用いたシステム

図3　非接触型ICタグによって書籍を管理する例（千葉大学附属図書館）

1-1-3 電子書籍

　今後の情報社会では、さまざまな機器で電子ファイルを閲覧できるようになり、豊富な情報が電子書籍によってもたらされるようになると予測されている。電子書籍は専用端末やタブレットコンピュータなどの情報通信機器によって、表示・再生される。
　電子書籍の特徴は、次のとおりである。
- 電子機器のディスプレイにコンテンツを表示する。
- コンテンツだけでなく、再生端末の機器やコンテンツ配信サービスにも依存する。
- 専用端末に表示するものと、パソコンなど汎用機に表示するものがある。

　また、電子書籍のメリットとデメリットをまとめると下記のようになる。

表3　電子書籍の特徴

メリット	デメリット
大量のデータを保存できる 比較的軽量であるため、持ち運びが容易 マルチメディア（動画や音声など）が再生できる データが比較的安価	閲覧に端末が必要 端末は電気によって駆動するので、充電や電源に接続する必要がある データをダウンロードする必要がある

　現在、提供されている電子書籍のリーダとファイルの形式は下記のとおりである。
① リーダの形式による分類
- タブレットパソコン型（マルチメディア型）
　iPadやアンドロイドタブレット
　電子書籍だけでなく、ウェブ閲覧などが可能な情報通信機器
- 電子インク型
　KindleやSony Reader、koboなど
　タブレットパソコン型より表現力が劣るが、印刷メディアに近い表現が可能

図4　電子書籍の例

②ファイルの形式による分類
・EPUB
・XMDF
・PDF
注：EPUBやXMDFは専用のアドインを組み込む必要がある。

　電子インクの仕組みは図5のとおりである。今後、電子インクの技術はさらに開発が進み、色の表現やメディアの再生などが実現できると思われる。
　現在、電子書籍が普及するための課題は次のとおりである。
①著作権保護

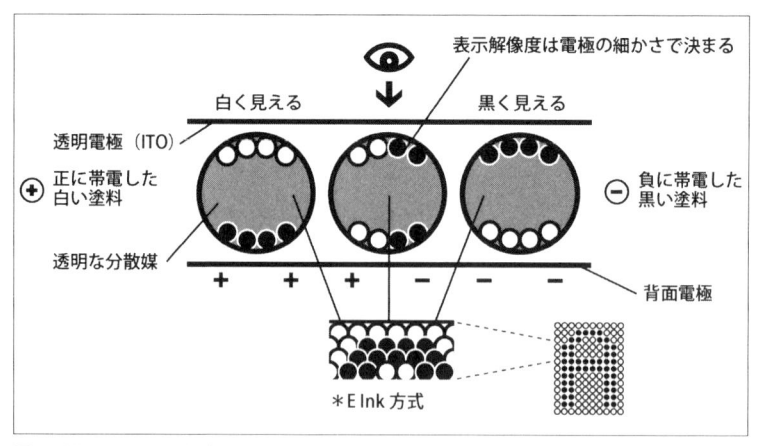

図5　電子インクの仕組み

・ディジタル化されたコンテンツを扱うために、常に著作権を保護するための技術・制度の改革が求められる。
②ディジタルデバイド
・さまざまな情報が電子書籍向けに発信されるようになったが、必ずしも全国民に行き渡るわけではない。
③VDT症候群
・VDT（Visual Display Terminals）作業をする際に、心身の不良・不調を訴えることが想定される。
・「VDT作業における労働衛生管理のためのガイドライン」
　一連続作業時間：1時間以内とする必要がある
　作業休止時間：作業の間に15分程度の休憩を挟む必要がある
④書籍の信憑性の維持
・出版社だけでなく個人も配信することが可能であるため、発行された書籍の信憑性の維持が課題である。
⑤ファイル形式の標準化
・情報システムの進化により、変化するハードウェアに対応できるファイル形式を標準化する必要がある。
・さまざまな言語に対応できるファイル形式を標準化する必要がある。

電子書籍は、インターネット上で流通しているため、インターネットに接続された環境で、電子書籍ストアなどからダウンロードして利用する。

電子書籍ストアは現在、複数の出版社や印刷会社、書店がグループを形成して、サービスのあり方を検討している。

1-1-4 電子教科書

電子書籍と同様に、電子的に提供されて学習指導に使われる書籍や教材を電子教科書と呼んでいる。電子書籍は、情報端末やディジタル機器に提示されるコンテンツ、および"指導者用"電子教科書と"学習者用"電子教科書に大別することができる。

電子教科書の特徴は次のとおりである。

表4　電子教科書の特徴

指導者用電子教科書	学習者用電子教科書
教師が電子黒板などを利用して学習者に提示する 例：任意個所の拡大、任意文章の朗読、動画再生	学習者が個々の端末で再生する 例：拡大、朗読、動画再生、ネットワークを利用した情報共有、学習者の学習履歴の保存、学習者の理解度や作業進捗に応じた予習復習

いずれも、学習者の興味・関心の向上や理解度の向上に資するものと期待されている。また、特別支援教育などでも、障害や特性・ニーズに応じた活用が可能であるため、導入に向けた検討がおこなわれている。

電子教科書が普及し、広く教育現場で活用されるためには、次のような課題を解決し、児童・生徒に受け入れられるようにする必要がある。
①紙媒体の教科書との関係整理
②教科書検定制度、教科書無償給与制度との関係整理
③良質の学習コンテンツの充実
④情報端末にコンテンツ配信を円滑におこなうための高速無線LANの設置
⑤学習者の興味・関心などとの関係整理
⑥学習者の心身の健康への影響調査

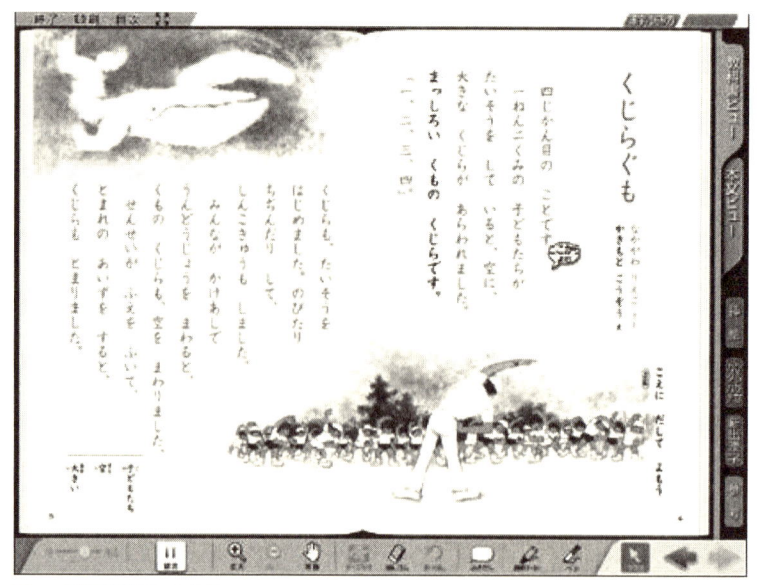

図6　電子教科書の実例
（出典：『光村国語デジタル教科書』光村図書出版）

1-1-5　ICTを活用した教育

　電子書籍や電子教科書のほか、ICTを活用した新しい教育環境が開発され、実用化されつつある。POD（print on demand）や自炊（ディジタイズ）などもその技術である。
　PODは要求（デマンド）に応じてプリントするサービスであり、複合機のネットワーク接続化により、パソコンのファイルを印刷することができる。機種によっては製本機能がついたものもあり、少量の原稿を製本することができる。したがって、電子化された資料を、必要なときに必要な部分だけ印刷して、教材として利用することができる。
　PODのイメージは図7のとおりである。
　一般的に自炊と呼ばれる行為は、所有する書籍・雑誌をスキャナなどで電子ファイル化し、情報をディジタル化することであり、ディジタイズとも呼ばれている。両面スキャナの普及によって、一般市民もこの作

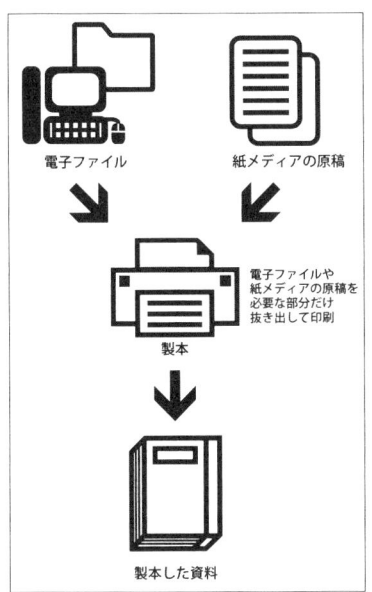

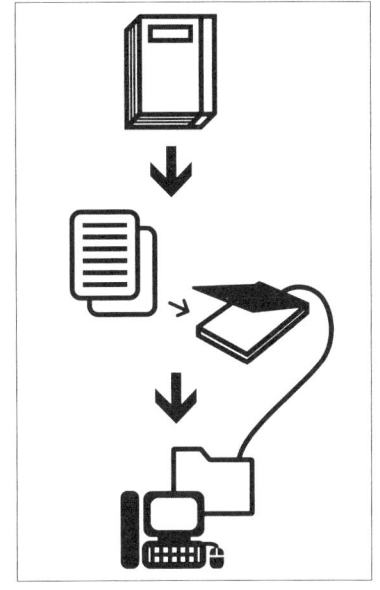

図7　PODのイメージ　　　　　　　図8　ディジタイズ（自炊）のイメージ

業ができるようになった。
　自炊の特徴は次のとおりである。
①ディジタル情報に変換して保存
・管理ファイルの容量の物理的量が少ない。
・パソコンのなかで管理をすることができる。
・スキャナとパソコンが必要。
・データのバックアップが必要。

　ディジタイズ（自炊）をすることによるメリットは、所有する書籍の管理・保存を有効におこなうことができ、また流通していない電子書籍を共有したり、入手することができることである。
　その一方で問題点として、自炊行為自体は著作権法違反にならないが、代行事業などは複製権侵害にあたるという指摘がある（2012年8月時点では、司法判断はなされていない）。
　国際的にみると、紙メディアの書籍は一般に高価なため、ディジタイ

ズは海外で積極的におこなわれている。海外では、学校教育の教科書や生涯学習のテキストは紙メディアの書籍を貸与形式で供給するのが一般的なので、ディジタイズすることによって円滑に教育をおこなうことができる。また、電子機器の表示フォーマット（文字）が単純な国で、先行してディジタイズが普及しているのが現状である。

1-2 情報社会でのメディアの問題と課題

1-2-1 信憑性が低いメディアからの情報

　情報社会では、メディアからもたらされる情報の量や質はさまざまである。

　現在の書類としては、一般的に紙メディアと電子メディアが使われている。紙メディアの特徴は、それぞれが証明書になるため原本証明の信頼性に優れているし、記入が容易なことからメモとしての機能を兼ね備え、さらには長期保存が可能である。しかし、紙メディアは検索の効率性に劣り、閲覧の即時性に欠ける。さらに、保管に関しては大きなスペースを必要とする。

　電子メディアの特徴としては、省スペース化、登録・検索・閲覧の容易さ、情報自体の共有化の利便性、二次加工性の高さと即時性が挙げられる。他方、短所としては、長期保存技術の工夫が必要になり、原本証明の信頼性が低く、改竄の痕跡が残らないし、またディジタル的な保存に頼るため、システムの脆弱性を解消する必要がある。

　それぞれの短所を補う方法として、紙メディアでは、ファイル管理表やファイリングサポートソフトの充実と電子ファイリングソフトと連携することで、より充実した管理・運用が可能になる。電子文書では、イメージ化の充実やデータベースの長期間運用への対応、原本証明対応、書換不可（履歴管理）、セキュリティに関しての充実が必要である。

　電子メディアを用いた情報管理に関しては、紙メディアの保存・管理を充実させることで、電子メディアへの汎用性も高くなる。紙メディアでは、細かさよりも簡素化や処分の容易さ、さらには表示の明確化が重視されるが、長期的な電子化への移行に関しては、電子化へのメリット

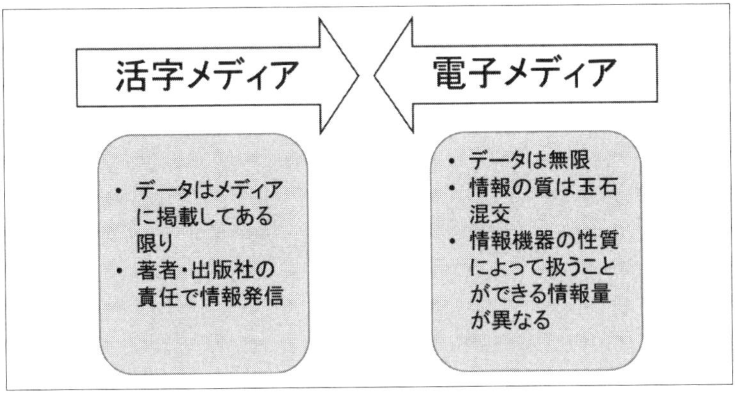

```
┌─────────────────────────────────────────────────┐
│   活字メディア  ▷ ◁  電子メディア                │
│                                                 │
│   ・データはメディア        ・データは無限        │
│     に掲載してある          ・情報の質は玉石      │
│     限り                      混交                │
│   ・著者・出版社の          ・情報機器の性質      │
│     責任で情報発信            によって扱うこと    │
│                               ができる情報量      │
│                               が異なる            │
└─────────────────────────────────────────────────┘
```

図9　情報の質と量

に寄与するものから手をつけることで、運用への効果が上がると考えられる。紙メディアのフィルタリングが充実していると、電子化移行後の運用や発展的な運用を容易におこなうことが可能である。

以上のように、情報検索の際のメディアの違いは多々ある。これを図9に示した。

1-2-2　進化するメディアへの対応

情報社会では、紙メディアから進化し、さまざまなメディアが存在している。それぞれのメディアの特徴をまとめると次のようになる。

表5　メディアの特徴

紙メディア	記録性 一方向の発信 情報が活字になっている 受信者が直接、情報料を支払う
電波メディア	記録性・描写性・同時性 一方向の発信 視聴率に左右される可能性がある 受信者が間接的（広告）に情報料を支払う スポンサーの影響を受ける 免許制
ネットワークメディア	双方向 誰でも発信ができる スキルがないと見ることができない 世界中のどこからでも見ることができる 受信者が間接的（広告）に情報料を支払うものと、直接情報料を支払うものが混在する

無線LANなどは、電波を用いた情報通信技術だが、情報を伝達するメディアとしてはネットワークメディアの1つである。

これらのなかで、ネットワークメディアは進化が速く、日々、新しいメディアに関する開発がおこなわれている。

新しいメディアに関する技術として、SNS（ソーシャルネットワーキングサービス）やクラウドコンピューティングなどが開発されている。これらは膨大な情報（ビッグデータ）がやりとりされることから、利用者のプライバシーなどの問題が指摘され、情報の扱いについて、制度やルールの早急な作成が期待されている。

1-2-3 SNS

SNSは人と人とのつながりをサポートするコミュニティ型ウェブサイトであり、日常的に顔を合わせる友達同士だけでなく、趣味や居住地域、出身校などの特定の属性（特徴）が同じ人間同士でのコミュニケーションが可能である。また、友達の友達などのつながりを広げることも可能である。したがって、SNSは新たな人間関係作りや、旧知の仲ではあるが連絡が途絶えていた者との再会などができる場である。しかし、SNSでも問題が発生し、次のような問題点が情報社会の健全な発展に影を落としている。特に若年者がいたずらや冗談のつもりで書き込んだ情報が事件につながるケースもあり、教育機関での適切な対応が求められている。

①SNSの問題点
・掲示板機能による不適切な出会い。
・ゲーム系SNSでアバターの見栄えをよくすることに執着してトラブルに巻き込まれる。
・仮想通貨と現実の通貨を換金したりして、金銭的なトラブルに巻き込まれる。
・仮想通貨を得るために、不適切な広告や行動をとって犯罪行為に巻き込まれる。
・仮想社会（仮想家族、仮想恋愛……）などから事件に発展する。
・SNSから発展するストーカー。
・反社会行為の暴露。

未成年の飲酒などの不法行為の暴露や守秘義務違反なども社会問題化している。
- いたずらで書き込んだ情報による名誉毀損や業務妨害。
 入試の妨害や有名人のプライベートの暴露などの問題が発生している。
- 過剰なストレス。
 仲間作り疲れなどで、心身に疲労が蓄積したり、学業や業務に支障が生じたりする事例がある。

このほか、SNSに関しては、日常的なネットワークの利用のなかで巻き込まれる問題も多く、被害者になるだけでなく、加害者になる可能性もある。したがって、ネットワーク利用のサービスをしている図書館では、定期的な利用履歴の記録や利用者に対する情報モラルの啓発を継続的におこなう必要がある。

1-2-4　クラウドコンピューティング

クラウドコンピューティングとは、インターネット上に分散するサーバにデータを保存し、仮想的に情報処理をおこなうサービスを指し、さまざまなサービスが提供されている。

クラウドコンピューティングの多くは、専用のソフトウェアなどを用いずに、ウェブブラウザなどの画面上で情報を統合するサービスであり、利用者が使用するコンピュータの機種やOSには依存しないものが多い。また、ネットワーク上に分散するサーバに依拠することがサービスの根幹となる。

クラウドコンピューティングの特徴は次のとおりである。
①組織ごとにサーバやデータセンターを所有する必要がない。
②データを持ち歩かないですむ。
③情報システムの高度な進化に対応することができる。
④システムがブラックボックス化する。
⑤セキュリティを確保したシステムのなかで運用することができない。

これまでの情報通信システムは、多くの場合、手元にデータがあり、自らそれを管理するようになっている。しかし、クラウドコンピューティングでは、一見手元にデータがあるように見えても、クラウドサービスにデータを預けている。そのため、データはどこにあるのか、自分だけが操作できるデータか、システムを管理する者が操作することができるデータかなどを判断しながら利用する意識をもたなければならない。

1-2-5　情報メディアの活用による問題

紙メディアである雑誌などでも、記事のなかで取材対象に対する誹

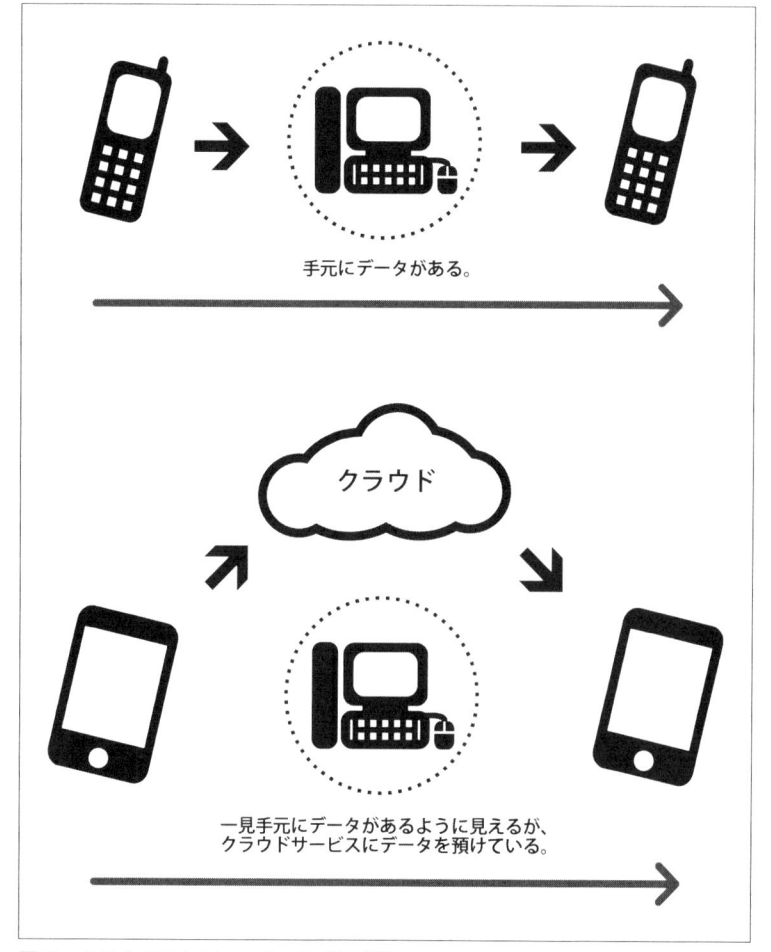

図10　クラウドコンピューティングの説明

誹・中傷がおこなわれる場合がしばしば見られる。だが、ネットワークメディアであるインターネットでは、さらに頻繁に誹謗・中傷の書き込みがなされている。

その1つが、学校教育の現場で重大な関心が寄せられているネットいじめである。多くのネットいじめは、被害者の人格を攻撃したり、否定したりする手口でおこなわれていて、深刻な人権侵害である。対策については第5章で述べる。

そのほか、情報社会で起こりうる問題として、SNSだけでなく、次のようなものが挙げられる。

①ソーシャルブックマークはブックマークを共有するシステムである。
・ブックマークにタグ（目印となるキーワード）などをつけ、共有する（メリット）。
・同じ興味・関心、立場などの人が、ブックマークから知識などを拡大することができる（メリット）。
・インターネット上の情報の価値に重みづけをすることができる（メリット）。
・広告など不要な情報操作がおこなわれる可能性がある（デメリット）。

②フラッシュマーケティングは、インターネットで短時間にクーポンを発行することによって集客と顧客データを収集するビジネスモデルである。
・導入した店舗は新規顧客の確保と商品販売の指標が得られる（メリット）。
・（クーポンが大量に発行される可能性があるため）商品の質が低下する可能性がある（デメリット）。
・景品表示法に抵触する可能性がある（デメリット）。

1-2-6　子どもたちを対象にしたサイト

子どもを対象にしたさまざまなインターネットサービスが拡大しているので、それぞれに対して、適切な対処法の詳しい知識とスキルが求め

られる。

①学校裏サイト（非公式サイト）
　ネットいじめの温床になっている。
②チェーンメール
　ネットいじめの手口になっている。
③動画投稿サイト
　自分で撮影した動画を投稿しあうサイトだが、無秩序な著作権の侵害の恐れがあるだけでなく、いじめの様子を撮影した動画が投稿されることによって社会問題に発展することがある。
④プロフ
　プロフィールを公開しあうサイトで、プライバシーを公表することにより、出会い系サイトとして悪用される可能性がある。
⑤ゲームサイト
　オンラインでゲームをするサービスであり、ゲーム内のアイテムなどをめぐって恐喝がおこなわれたり、規則で禁じられている現金への換金などがネットオークションでおこなわれている。また、ゲームでの振る舞いがインターネット掲示板に書き込まれることもあり、ネットいじめにつながることがある。

　以上のように、子ども向けのサイトは子どもの社会でトラブルに発展しうる要素が多々あるにもかかわらず、下記のように保護者と児童・生徒、サイトの運営者の立場が異なることによって、利益や意識に違いが広がっている。

①保護者：子どもを信じていた。
②サイト：表現の自由、民主主義、経済論理。
③子ども：大人がいいと言っている。

　規制と自由のはざまで子どもが被害に遭わないように、インターネット上での振る舞いを見守る体制の確立が重要である。

1-3　情報モラルの必要性

1-3-1　情報社会と情報モラル

　情報社会での情報通信機器の進化やネットワークを利用したサービスの発展は著しいものがある。

　社会的には、すでに無線LANネットーワークサービスを活用した情報提供サービスが充実していて、電車やバスのなかでもインターネットを快適に利用することができる。情報検索サービスでも効率的で合理的なシステムの提供がおこなわれ、欲しい情報を素早く入手することができる時代になってきている。

　図書館を取り巻く情報通信の変化も著しく、インターネットに接続できる環境が整いつつあり、従来からの図書を中心にした"図書館"としての機能を超えて、さまざまなメディアを活用しながら学習を進め、学び合いの環境が整備された"メディアセンター"としての機能が求められる時代に変化しつつある。併せて、膨大な情報源から適切に情報を検索するために、複数の図書館や学校図書館などが連携した情報検索システムや相互貸出システムなどのサービスも始まっている。

　また、学校図書館に関する制度の変化も大きく、2003年度から小学校から高等学校までに司書教諭が配置されることになった。生きる力をはぐくむためには知識と体験を結び付け、論理的な思考力や判断力、表現力、問題を発見し解決する能力を育成する必要があり、その一翼を学校図書館での学習が担うことが期待されている。

　これまでの学校図書館は、書籍や雑誌などを中心にした紙メディアや視聴覚教材を利用した学習に利用される場面が多かったが、高度情報社会のなかでコンピュータやネットワークが発達し、児童・生徒の学習を支援するメディアも、インターネットなどを活用した情報メディアが浸透する時代になった。

　情報メディアを活用した学習指導がおこなわれるようになった当初は、コンピュータの利用やインターネットによる情報検索などが中心だったが、今日では、コンピュータの機能を最大限活用したICT教育がおこなわれるようになっている。そのため、情報メディアを教育的に利用する

図11　情報モラルの考え方

うえで、情報モラルに関する知識や技能を習得し、指導する重要性が高まっている。

情報モラルに関する考え方として、図11のように、情報社会で決められた「ルールを守る」こと、および自らを律しながら適切な行動を考えることができる「自律した行動」が必要であり、両者を合わせてはじめて、「情報モラル」を身につけたといえるだろう。

1-3-2 情報社会と生涯学習

情報通信インフラが整備され、情報の受発信が容易にできる高度情報社会では、パソコンやインターネットなどは、情報社会のなかで学び、働き、生活するうえで、欠かすことができない道具になっている。

それに伴い、学習するための機会も生涯にわたって存在し、働いたり社会的に生活するためにも、豊富な情報を得ながらキャリアを積み重ねていく人材が求められている。そして、時間的制約や地理的制約が取り払われて、生涯、学び続けることができる環境が整備されつつある。

こうした環境を利用しながら生涯、学び続ける人間を育成するには、適切に情報を扱う能力を身につけながら、心身ともに成長していけるように支援する必要がある。具体的には、パソコンやネットワークを道具として使いこなすための教育や研修の機会が必要である。

パソコンなどの情報機器に限らず、調理に使う包丁や建築に使うのこぎりなど、世の中の道具を利用する場合には、使い方を習得するだけで

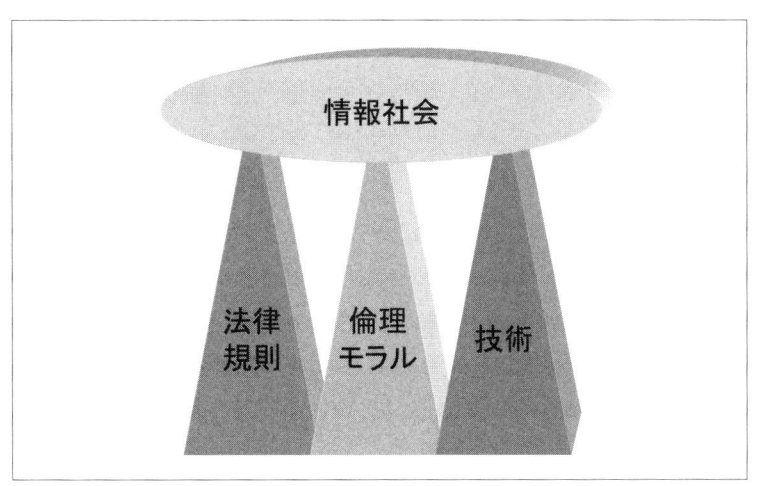

図12　情報モラルと法律・技術の関係

なく、その道具を使用して起こりうる効果と危険性を理解し、万が一けがをしたり不慮の事故が発生してしまった際の対応方法を身につけることが求められる。パソコンや携帯電話なども、下記のように発達段階に応じて対応方法を身につける必要がある。

①児童・生徒（義務教育・被保護）
　保護者が管理責任を負う。
②学生（職業準備教育・半保護）
　遊びをもたせた社会経験を習得する期間。
③大人（職業人）
　自己の責任で行動することが求められる。

このように、発達段階とともに、社会での自身の立場や求められる姿勢を理解しながら、便利な側面だけでなく、サイバー犯罪やマナー違反などの問題にも自律的に対処していく必要がある。

1-3-3 情報モラル教育の内容

　図書館や学校でおこなう情報モラル教育は、情報社会の特徴を理解しながら、また信憑性を考えながら資料から得られる情報を受信し活用するだけでなく、学習に関わる人と人とのコミュニケーションや人間としての立ち居振る舞いを踏まえて学んでいく必要がある。

　その際に、次の図13のような、「メディアの特性」と「人間の特性」を指導する観点が必要である。さらに、指導者が個々の要素を十分に理解し、コミュニケーションスキルやメディアリテラシーといった「情報社会で生きる術」を、当事者意識をもって習得できる学習になるように工夫することが重要である。

　特に、情報社会でのインターネットや電子メディアなどの特性は、従来からの印刷メディアなどの特性と大きく異なる側面がある。つまり、情報を扱う性質が大きく異なるので、それらの性質を十分に踏まえたうえでの、情報メディアを活用した学習指導が求められている。

　加えて、情報社会のなかで発生する事件や問題には、喜怒哀楽などの人間の感情や心理的な側面を十分に理解しておけば、その発生を防げたり、被害をより小さくできた可能性があるものも多い。情報社会のなかで付き合う画面の向こうの「人」も、自分と同じ人間であり、それぞれ意思や感情をもった「人」なのだと学習することが大切である。

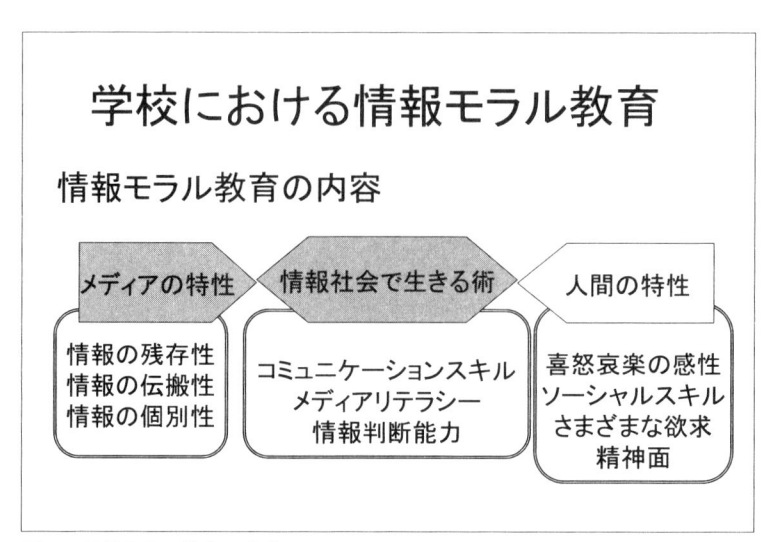

学校における情報モラル教育

情報モラル教育の内容

メディアの特性	情報社会で生きる術	人間の特性
情報の残存性 情報の伝搬性 情報の個別性	コミュニケーションスキル メディアリテラシー 情報判断能力	喜怒哀楽の感性 ソーシャルスキル さまざまな欲求 精神面

図13　情報モラル教育の内容

1-4　学習指導に関わる情報モラル

1-4-1　学習指導要領での情報モラルの取り扱い

　2011年度から順次実施される学習指導要領では、小学校で各教科に埋め込み型の学習内容として情報モラルが扱われているほか、道徳でも情報モラルが扱われている。

　中学校でも同様に、2012年度から実施される学習指導要領で次のように示されている。

○小学校

第1章　総則
　第4　指導計画の作成等に当たって配慮すべき事項
　　2　以上のほか、次の事項に配慮するものとする。
 (9) 各教科等の指導に当たっては、児童がコンピュータや情報通信ネットワークなどの情報手段に慣れ親しみ、コンピュータで文字を入力するなどの基本的な操作や情報モラルを身に付け、適切に活用できるようにするための学習活動を充実するとともに、これらの情報手段に加え視聴覚教材や教育機器などの教材・教具の適切な活用を図ること。

第3章　道徳
　第3　指導計画の作成と内容の取扱い
　　3　道徳の時間における指導に当たっては、次の事項に配慮するものとする。
 (5) 児童の発達の段階や特性等を考慮し、(略) 道徳の内容との関連を踏まえ、情報モラルに関する指導に留意すること。

○中学校

第1章　総則
　第4　指導計画の作成等に当たって配慮すべき事項
　　　(略)

2　以上のほか、次の事項に配慮するものとする。
（10）各教科等の指導に当たっては、生徒が情報モラルを身に付け、コンピュータや情報通信ネットワークなどの情報手段を適切かつ主体的、積極的に活用できるようにするための学習活動を充実するとともに、これらの情報手段に加え視聴覚教材や教育機器などの教材・教具の適切な活用を図ること。

第2章　各教科
　第2節　社会
　　第3　指導計画の作成と内容の取扱い
　　　2　指導の全般にわたって、資料を選択し活用する学習活動を重視するとともに作業的、体験的な学習の充実を図るようにする。その際、地図や年表を読みかつ作成すること、新聞、読み物、統計その他の資料に平素から親しみ適切に活用すること、観察や調査などの過程と結果を整理し報告書にまとめ、発表することなどの活動を取り入れるようにする。また、資料の収集、処理や発表などに当たっては、コンピュータや情報通信ネットワークなどを積極的に活用し、指導に生かすことで、生徒が興味・関心をもって学習に取り組めるようにするとともに、生徒が主体的に情報手段を活用できるよう配慮するものとする。その際、情報モラルの指導にも配慮するものとする。

　第8節　技術・家庭
　　〔技術分野〕
　　　D　情報に関する技術
（1）情報通信ネットワークと情報モラルについて、次の事項を指導する。
　　ウ　著作権や発信した情報に対する責任を知り、情報モラルについて考えること。

第3章　道徳
　　第3　指導計画の作成と内容の取扱い
　　　3　道徳の時間における指導に当たっては、次の事項に配慮するものとする。
（5）生徒の発達の段階や特性等を考慮し、（略）道徳の内容との関

> 連を踏まえて、情報モラルに関する指導に留意すること。

（出典：文部科学省「小学校学習指導要領」「中学校学習指導要領」〔一部抜粋〕）

　これに加えて、高等学校でも情報を適切に活用するうえで必要とされる倫理的態度、安全に配慮する態度などの育成を目指して、教科「情報」のなかで情報モラルに関する学習をすることが定められている。
　したがって、小学校から高等学校までの各学習場面で、情報メディアを活用する場合には、情報モラルに関する配慮が必要となる。具体例として情報収集の場面では、不適切な情報に児童・生徒が接しないように指導する必要がある。
　また、児童・生徒の実態に合わせて、発達段階を考慮しながら情報モラルの学習指導をおこなうことが期待されている。
　情報モラルの学習指導でのポイントは、次のような能力を子どもたちに身につけさせることである。

①光の部分か影の部分かを見極める能力
②光の部分の進化に対応する能力
③影の部分を拒否・防御する能力

　光の部分か影の部分かを見極める能力では、情報社会の光の部分と影の部分を見極めるだけでなく、その間に存在する光とも影ともなりうる部分について、正しい知識をもちながら、適切な判断をして行動することが期待されている。
　光の部分の進化に対応する能力では、新しい技術に対応する能力ももちろんだが、情報社会は世代や地域を超えるだけでなく、国や民族、宗教などが異なる人とコミュニケーションをとることができるため、新しい価値観に対応する能力が求められる。具体的には、他人・他組織を理解する力や、違いを認めて受け入れる力が必要になってくる。
　他方、影の部分を拒否・防御する能力では、セキュリティの意識や技術の習得を通してネット社会でのマナーやエチケットを順守し、他人を傷つけないように心がけることが必要である。また、人為的に、あるい

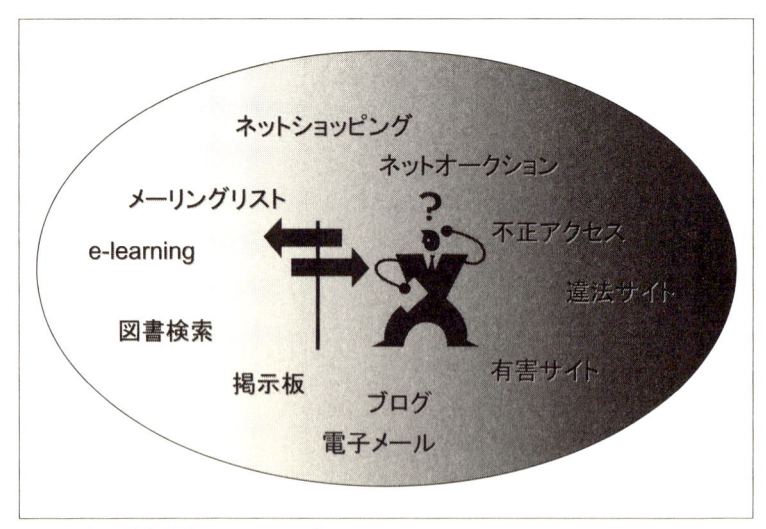

図14　光と影を見分けるイメージ

は自然災害などによってトラブルに巻き込まれる可能性も十分に考えられるので、危機管理の意識をもつことも重要である。

1-4-2　危機管理

　図書館の情報システムを設計する場合には、個人情報の漏洩や不正アクセスなどの危機管理とリスクマネジメントの考えに基づいた対策が必要になる。

　表6は、情報システムを設計する場合に考慮するべきリスクとその対策である。

　発生しうるリスクに対して、それを軽減したり排除したりする対策をとることをリスクマネジメントと呼ぶ。リスクマネジメントは、次のように考えることができる。

①リスク＝損害×発生確率
　［予測リスク＞許容リスク］の場合、リスク軽減の対策が必要になる。
・ハインリッヒの法則から学べることは、災害を防げば傷害はなくせる。

表6　リスクと対策

	原因	対策
個人情報漏洩	個人情報を適切に管理する規約違反 スパイウェアによる個人情報の外部送信	個人情報管理規則の制定と正しい運用 セキュリティ対策ソフトウェアなどの導入
不正アクセス	悪意をもって外部から不正アクセスをする場合だけでなく、利用規約を知らずに、内部から不正にネットワークを利用する場合もある	ファイヤウォールの設置
コンピュータウイルス	セキュリティホールなどからコンピュータウイルスが侵入する場合がある	セキュリティ対策ソフトウェアの導入
ネットいじめ	インターネット上で誹謗・中傷などの書き込みがおこなわれる場合がある	人権教育の促進とネットパトロール
有害情報へのアクセス	性的・暴力的なサイトへの興味	フィルタリングソフトウェアの導入と啓発活動
停電	自然災害による配電停止によって急なシャットダウンが発生する	UPS（無停電電源装置）の導入
浸水・水被害	自然災害によって電子機器が水没したりショートしたりする	排水溝などの点検と清掃
虫害・獣害・鳥害	害虫や害獣などの発生 ネットワークケーブルをかじられたりして通信障害が発生する可能性がある	防虫獣鳥対策

・不安全行動と不安全状態をなくせば、災害も傷害もなくせる。
　＊災害とまではいえないが学校図書館でも留意する要素。
　　　転倒しやすい障害物（配線コードやマットのめくれ）
　　　騒ぐと危険な場所（角がとがった机や椅子）
　　　大人の視点で設計されたもの（指を挟みやすい扉）
　　　紛失や盗難の恐れがあるUSBメモリやSDカードなど

②KYT（危険予知トレーニング）
・事故や事件を未然に防ぐために、作業や行動に潜む危険を予測する訓練
　＊どのような危険が潜んでいるか指摘する訓練

図15 危機管理の例

＊問題点を整理する訓練
＊対策を考える訓練

例：図15の写真を見て、危険と思われることを指摘し、どうすれば危険要因を軽減することができるか考えてみる。

　以上のように、情報社会のなかでネットワークを構築したり利用したりする場合には、利便性などの望ましい要素とリスクなどの望ましくない要素の関係を整理し、セキュリティポリシーなどの方針を定めておく必要がある。

1-5　ケーススタディ

　ここでは、図書館での活動のなかで、情報社会や情報システムに関わるケースについて、具体例を示しながら、対応方法を考えてみる。

Q：利用者サービス向上のために、インターネット利用コーナーを設置するべきか?

A：生涯学習の観点からもインターネットを用いた調査などは有効である。書籍と比較して最新の情報が得られる可能性も高い。しかし、インターネットには信憑性が低い情報が存在するため、レファレンスサービスなどでは複数の情報源を参考に結論を出すように促す必要がある。

また、インターネットではさまざまなサービスが提供されているため、図書館での目的外利用などを禁止する措置をとったり、長時間利用を控えるように掲示をして、公共性を維持する必要がある。

Q：利用者サービス向上を目的に電子書籍を導入するには?

A：電子書籍や電子教科書を表示するための機器や装置は高価である。また、ファイルの形式など規格が複数あるため、図書館での継続的な利用が見込める環境が整ってからの導入が合理的だと判断できる。さらに、電子書籍を館内で閲覧することにするのか、データを持ち出すことにするのかによって貸出の制度が変わるため、制度を整備する必要がある。

Q：学習指導で児童・生徒の興味・関心を向上させるのを目的に、電子書籍・電子教科書を導入するべきか?

A：電子書籍や電子教科書は再生装置が必要である。また、利用方法や不具合が発生した場合の対処方法の習得が必要である。すでに機器や装置がある場合も含めて、図書館業務担当だけでなく、教務担当者や情報担当者と連携を十分にとりながら導入を検討する必要がある。

また、予算の適切な執行のためには、単年度の利用だけでなく、継続的な利用を促進する努力も必要である。

参考までに、すでに多くの出版社が書籍の電子化を実現したり検討しているので、電子化された教材が普及するのはまもなくのことである。

Q：学校でのユーザIDとパスワードの発行と管理は、どのように体制

を整えるのが望ましいか?

A:中学校や高等学校では、入学時に校内のネットワークや情報システムを利用するための研修をおこない、ユーザIDとパスワードを発行するのが望ましい。

情報社会では、児童や生徒も何らかのユーザIDを登録し、パスワードなどでインターネットサービスを受ける可能性が高い。ネットワーク環境や校内事情などで個別にユーザIDとパスワードを発行することが困難な場合でも、ユーザIDとパスワードの管理の重要性を十分に指導しておく必要がある。安易に不適切な管理をすると不正アクセスの温床となりやすい。

また、ユーザIDとパスワードの両方もしくは片方を失念した場合は、指導のうえ、再発行手続きをとる。

Q:図書館の利用促進のために、SNSなどを用いた広報活動をおこなうことを検討しているがどうしたらいいか?

A:SNSは、手軽に参加者と情報を共有できるサービスである。その半面、さまざまな問題点も指摘されているため、利用の範囲や内容を精選して公共性を維持する必要がある。特に、知的財産や個人情報、プライバシーなどは、利用者はもとより、職員やスタッフにも配慮をして導入する必要がある。

Q:ユーザ同士でファイルを共有したりすることが容易にできるので、業務効率化のためにクラウドサービスの利用を開始したいがどうしたらいいか?

A:クラウドサービスの多くは、外部の複数のサーバにデータを保存して利用する仕組みになっている。システムの信頼性を検証し、アクセス権などを十分に理解したうえで、利用するメリットとデメリットを考慮して導入を決定する必要がある。

Q：図書館の書籍管理システムを更新することになり、その責任者を任されたが、どう対応すべきか?

A：情報システムを更新すると、次の更新までそのシステムで管理をしたり、利用サービスを提供することになる。信頼できる技術者と熟議を重ねて、効果的なシステムを構築する必要がある。また、機密情報や守秘義務がある情報を扱う可能性がある場合は、十分に危機管理をおこなったうえで、システムの検討をするべきである。

1-6 まとめ

本章では、情報社会における便利な側面と解決するべき課題について解説した。また、情報技術の進化に伴う、図書館業務に関する変化について述べた。特に情報社会のなかで生活していくうえで、情報モラルの習得が必要であることにふれ、学習指導の際に必要な考え方を解説した。

第2章
個人情報とプライバシー

2-1 図書館業務に関する個人情報の扱い方とプライバシー保護の考え方

2-1-1 個人情報とプライバシーの概要

　個人情報とは、特定の個人を識別することができる情報（の組み合わせ）を示し、高度情報社会のなかで取り扱われる個人情報は膨大なものになっている。情報通信機器やネットワークの高度化によって、個人情報は容易に収集・蓄積、抽出などがおこなえるようになった。

　こうしたなか、個人のプライバシー意識の高まりとともに、現在では、個人情報を管理したり保護したりする要求が強くなっている。

　個人情報は次のようなものを組み合わせることによって、生存する個人を特定できる。

①氏名 ┐
②住所 │
③性別 ├ 基本的な個人情報
④生年月日・年齢 ┘
⑤国籍、本籍地
⑥職業・勤務校
⑦学業・在籍校
⑧出身校
⑨電話番号（携帯電話番号）
⑩メールアドレス
⑪家族構成（家族の氏名）
⑫パスポートナンバー・外国人登録番号
⑬運転免許証番号
⑭住民票コード
⑮健康保険などの番号
⑯顔写真
⑰指紋や指や手のひらの静脈パターンなど生体認証に用いられる情報

①②③④の氏名・住所・性別・生年月日の4つの個人情報は、行政機関などで本人を確認するために用いられる項目であり、社会生活を送るうえで最も基本的な個人情報である。これらの情報を総合的に評価して本人であることが証明された場合に、健康保険に加入できたり（健康保険の番号が得られる）、パスポートなど国際的に身分を証明する書類を得ることができる。

学校生活であれば、学籍番号やクラスと出席番号なども特定の個人を識別することができるものであるため、個人情報だと判断できる。しかし、試験の点数（スコア）や運動会の記録などは、特定の個人を識別することができる合理的な指標ではないので、個人情報の定義からはずれる。ただし日本での社会通念として、公共機関や学校などが保有する試験の点数などの個人に関するデータは、個人情報として保護されることが期待されているので、適切に管理する必要がある。

また、インターネット上で掲示板などに書き込む際に利用する「ハンドルネーム」なども、直接、個人を特定することができる可能性は低いが、インターネット上での人格を形成する要素と判断すれば、むやみに他人のハンドルネームを公開したり、流出させてはならない。インターネットに接続する際にパソコンの情報として提供されるIPアドレスなども、調査するとある程度、個人に到達することができるので、個人情報と同様のものととらえて扱う必要がある。

個人情報はプライバシーと関係性が高く、自分の個人情報の管理方針は、自ら定める権利があると考えられている。

したがって、収集したりできないとされている個人情報（センシティブ情報）として、次のものがある。
①民族や本籍地
②思想や信条、宗教
③勤労者の団結権
④デモへの参加実態
⑤医療や健康に関する情報

これらのセンシティブな個人情報が流出してしまうと、民族や本籍地

などが差別につながったり、思想や信条などによっていやがらせなどの被害を受ける可能性が高くなる。プライバシーの観点からだけではなく、該当する人の権利を不当に侵害する出来事に悪用されかねないので、個人情報は慎重に扱わなければならない。

医療や健康に関する情報も、「病気が治る」や「～させることができる」「人間関係がうまくいく」など、本人の弱みにつけこんだ不当な営業活動の原因となりうるので、むやみに収集することは控えなければならない。

2-1-2　個人情報の漏洩

情報社会で個人情報が漏洩する原因として、次のことが挙げられる。

①卒業アルバムや同窓会名簿が売買される。
②職員名簿や社員名簿が売買される。
③お店の顧客リストが不正に売買される。
④「同窓会名簿を作成する」と偽って、はがきなどを用いて個人情報を収集する。
⑤不正アクセスによって、サーバから個人情報が抜き取られる。
⑥住民基本台帳などを閲覧して個人情報を収集する。

これらのうち、①と②は、個人情報保護法などの法律では禁止されていない行為であり、個人のモラルで売買されないように努める必要がある。③と④は、個人情報保護法に抵触する可能性がある。⑤は、不正アクセス禁止法に抵触する行為であり、⑥は、多くの自治体で閲覧の範囲を限定したり、複製を禁じたりする条例が制定されているため、現実的な漏洩ルートにはならないと思われる。

そのほか、下記のような不慮の事故によって個人情報が流出してしまう例がある。
①個人情報を記載した電子メールを誤送信した。
②個人情報を保存したファイルを不特定多数の者がアクセスできる共有領域に置いた。

③個人情報を記載した用紙をコピー機のソート機能を利用して大量に複製してしまった。

　日本ネットワークセキュリティ協会（JNSA）の「情報セキュリティインシデントに関する調査報告書」（2011年版）によると、個人情報が漏洩する原因は図16のとおりである。
　また、個人情報が漏洩するメディアとして下記のものがある。
・1位：紙媒体（69.4%）
・2位：USBなどのリムーバルメディア（12.4%）
・3位：電子メール（6.8%）

　情報社会では、パソコンで個人情報を取り扱う場合が増えている。扱うデータ量も必然的に増えることにより、一度流出してしまうと、膨大な個人情報が漏洩することになる。同様に、USBメモリなどで大量のデータを持ち運んだり、メールでファイルを送受信する世の中になって

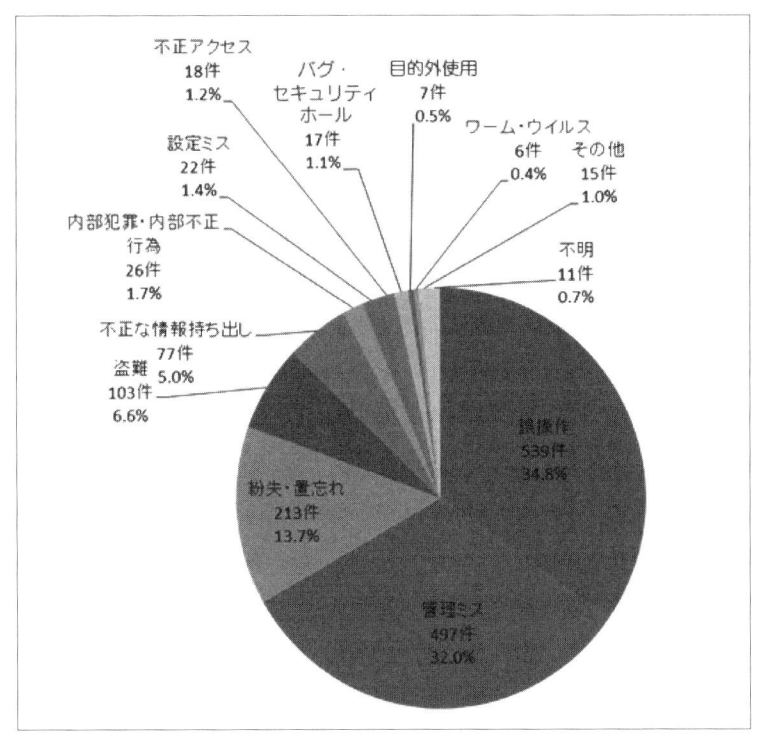

図16　個人情報が漏洩する原因
（出典：「JNSA2011年 情報セキュリティインシデントに関する調査報告書」）

いるので、取り扱う担当者の意識次第で甚大な被害が生じてしまう恐れがある。

パソコンなど情報通信機器を用いた場合だけでなく、コピー機などもソート機能やプリンタ機能、ファクス機能などが追加された複合機では、操作時に何を印刷しているのかを慎重に考える必要がある。

2-1-3　個人情報流出の事例

近年発生した公共機関と学校での個人情報の流出事例の一部を下記に示す。
①公立学校の事務職員が勤務校の生徒の個人情報をUSBメモリに保存し、自宅で作業をするために無断で持ち出していた。そのUSBメモリをどこかで落としてしまい、後日、学校にUSBメモリが届けられた。
②学校の教員が、顧問をしている部活動の部員本人と保護者の連絡先を登録した私物の携帯電話を紛失してしまった。この携帯電話は遠隔操作でロックすることができたが、被害の程度は不明である。
③市役所職員が、自宅で所有するパソコンにファイル共有ソフトをインストールした際にコンピュータウイルスに感染させてしまい、それに気づかずに、USBメモリを介して職場のパソコンにウイルス感染を拡大させてしまった。これによって、担当している業務で扱った市民の個人情報が流出してしまった。
④市役所主催のイベントの参加申し込み者のデータに基づき、市の職員が弁当業者にファイルを添付したメールを送信して昼食を発注したが、異なるメールアドレスに送信してしまった。添付ファイルには、弁当の申し込みに必要な氏名だけでなく、参加者の所属や住所なども含まれていたため、不用意に個人情報を流出させてしまった。
⑤ハローワークに臨時で雇用された非常勤職員が、利用者の個人情報を名簿を売買する業者に不正に横流ししていた。また、横流しした名簿の対価として、名簿業者から報酬を得ていた。

これらのうち、①から④は、個人情報を取り扱う担当者が「他人の個人情報を扱っている」という意識をもち、危機管理の対策を高めることが問題解決の糸口になるが、⑤は犯罪行為である。この場合も国家公務

員法違反と加重収賄罪で逮捕されたあと、起訴されている。
　このほか、民間企業や団体が取り扱う個人情報も含めた流出事例はたくさんあり、日本ネットワークセキュリティ協会調べでは、2011年の個人情報流出件数は1,500件以上で、その対象は600万人分以上である。

2-1-4　個人情報の不正な取引

　管理義務がある名簿の転売や個人情報の抜き取りなど、世界中で不正な取引がおこなわれている。
　日本での実際の取引では、次のような価格で売買がおこなわれている。
- クレジットカードの番号：2,000円から3,000円程度（1件あたり）
- メールアドレス：1円から3円（1件あたり）

　クレジットカードは、情報社会で電子商取引をおこなううえで欠かすことができない要素である。特に、日本で発行されているクレジットカードを用いた決済は、他国と比較して信用度が高い傾向にあり、まとまって流出した場合の被害は深刻である。また住所やメールアドレスなども、ダイレクトメールの送信による個人の消費行動へのはたらきかけなどに有効であり、価値ある情報だと考えられている。
　氏名や性別などの個人情報は比較的入手しやすいものであり、出身校の情報や住所など、ほかの個人情報と組み合わせて販売されている。
　高額納税者の氏名と電話番号、住所が記載されたリストは非常に高額で取引されていて、出身校の情報や住所などのリストも、社会的評価が高い学校や高級住宅街の住所など、属性によっては高額で取引されている。
　図書館や学校図書館で取り扱う個人情報も、氏名や利用者番号だけのリストと比較すると、世代や学年、性別と借りた書籍名など好みがわかる情報が含まれているので、マーケティングに役立ち、営業活動のターゲットを絞りやすくなるため、高額になる可能性が高い。

2-1-5 OECDプライバシー・ガイドライン

　1980年のOECD（経済協力開発機構）の理事会で採択された「プライバシー保護と個人データの国際流通についての勧告」には、個人情報やプライバシーの扱いについて、次のような8原則が示されていて、プライバシーや個人情報に関する国内法を制定する際のガイドラインの役目を果たしている。

1、収集制限の原則（適正・公正な手段による情報の取得、情報主体の同意）
2、データ内容の原則（利用目的に沿った正確、完全、最新なもの）
3、目的明確化の原則（収集目的の明確化と収集目的に沿ったデータ利用）
4、利用制限の原則（法律による規定以外の目的外利用の禁止）
5、安全保護の原則（紛失・破棄・使用・修正・開示などからの保護）
6、公開の原則（データの収集実施方針等の公開と利用目的等の明示）
7、個人参加の原則（自己データの内容確認、異議申し立てを保証）
8、責任の原則（管理者は諸原則実施の責任を有する）

　日本でもこの8原則に基づき、1980年代から個人情報を保護するための法律が整備されるようになり、現在では、ほとんどのOECD加盟国が公的機関に個人情報を保護する義務を課する法律を制定している。

2-1-6 個人情報保護法

　日本では、個人情報を保護する制度は、1980年のOECDのプライバシー・ガイドラインを受けて88年に「行政機関の保有する電子計算機処理に係る個人情報の保護に関する法律」が公布され、それを改正した「行政機関の保有する個人情報の保護に関する法律」と「独立行政法人の保有する個人情報の保護に関する法律」が2003年に公布された。
　これらの法律の目的は個人の権利利益を保護することであり、行政機

関での個人情報の取り扱いに関する基本的事項を定めている。しかし、公的機関だけを対象としていて、民間部門の個人情報の取り扱いについてはふれていなかった。

そこで、情報社会の影の部分であるプライバシーの侵害など、個人の権利利益を侵害されることによる社会不安を取り除くために、公的機関に加えて、民間事業者が順守するべき規則が定められた。

下記が2005年に全面施行された通称・個人情報保護法（個人情報の保護に関する法律）の各項目である。

第1章　総則（第1条―第3条）
第2章　国及び地方公共団体の責務等（第4条―第6条）
第3章　個人情報の保護に関する施策等
　第1節　個人情報の保護に関する基本方針（第7条）
　第2節　国の施策（第8条―第10条）
　第3節　地方公共団体の施策（第11条―第13条）
　第4節　国及び地方公共団体の協力（第14条）
第4章　個人情報取扱事業者の義務等
　第1節　個人情報取扱事業者の義務（第15条―第36条）
　第2節　民間団体による個人情報の保護の推進（第37条―第49条）
第5章　雑則（第50条―第55条）
第6章　罰則（第56条―第59条）
附則

そのなかで次の責務や施策などを定めている。

第2章　国及び地方公共団体の責務等
・個人情報を適正に取り扱うために、必要な施策を総合的に策定し、実施する。
第3章　個人情報の保護に関する施策等

・個人情報が適切に取り扱われるように、必要な措置を支援し、情報を提供する。
第4章　個人情報取扱事業者の義務等
・個人情報取扱事業者とは、5,000人分を超える個人情報を取り扱う事業をおこなう者であり、事業規模の大小にはとらわれない。
・個人情報を取り扱う際に、「利用目的を特定し、取得時に通知する」「目的以外に個人情報を利用しない」「個人情報を正確で最新のものに保つように努める」「安全管理に努める」「個人情報の取扱いに関する苦情の適切かつ迅速な処理に努める」ことが求められている。

個人情報保護に関わる法律について、行政機関は「個人情報保護法」ではなく「行政機関の保有する個人情報の保護に関する法律」に拘束され、また、国立大学やその附属学校園は「独立行政法人の保有する個人情報の保護に関する法律」に拘束される。

個人情報保護に関する法律の関係は、図17のとおりである。

このように個人情報の保護に関する法律は複雑で、説明をする際に誤解や誤用が多いので、内閣府のウェブサイト（http://www.caa.go.jp/

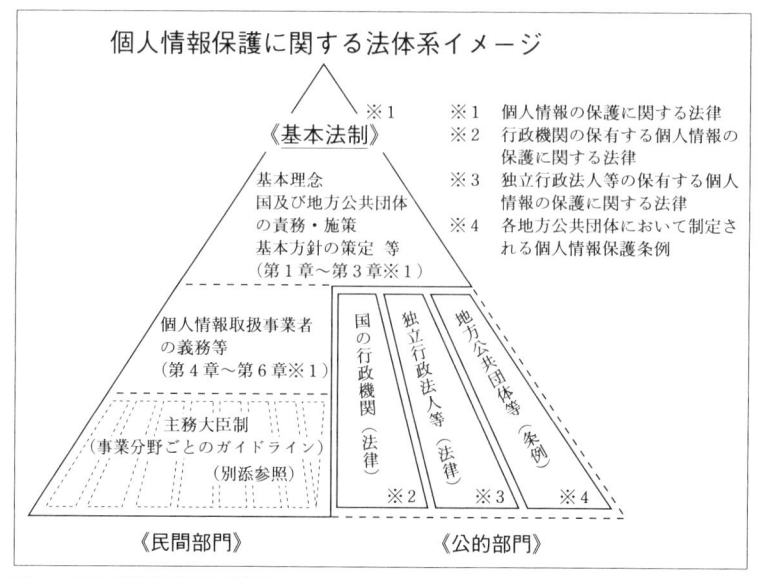

図17　個人情報保護法の関係
（出典：http://www.caa.go.jp/seikatsu/kojin/houtaikei.pdf）

seikatsu/kojin/gimon-kaitou.html）で、個人情報保護法の範疇に含まれるか否かの事例が紹介されている。

2-1-7　個人情報漏洩防止の手段

　　個人情報の流出を防止するためには、次の観点から対策をとる必要がある。
①保有している個人情報の種類を把握する。
・図書館では、利用者IDを取得している人以外にも、見学希望者や勤務しているスタッフの個人情報も取り扱っている。
・また、その人の、どの項目について個人情報を保有しているかを把握しておく必要がある。
②保有している個人情報の管理状態を把握する。
・印刷した名簿やリストとして個人情報を保有している。
・パソコンで集計してファイルとして個人情報を保有している。
　＊さらに、パソコンのファイルとして保管していても、ハードディスクのなかか、USBメモリのなかかの違いもある。
・貸出管理システムなど、ブラックボックスになっているシステムで個人情報を保有している。
・パソコンでの管理に関しても、暗号化をせずに保管する場合と、暗号化の処理をして保管する場合がある。
③規則の制定や改訂をおこなう。
・保有する個人情報を保護するために規則を制定し、組織全員で順守することが大切である。また、必要に応じて規則を改訂し、守りやすい規則になるように努力する必要がある。
④個人情報保護の意識啓発。
・図書館や学校での個人情報の流出の事例の多くは、職員の軽微な過失によって発生している。「少しの間だから……」「自分は大丈夫……」などの過信から事故が発生することに注意を喚起する必要がある。
・また、個人情報保護のための規則・規約を守ろうとするコンプライアンスの意識を向上させることも欠かせない。

2-1-8　プライバシー

　現在、日本にはプライバシーを直接保護する目的の法律はないが、プライバシーは個人情報と密接な関係をもつ権利である。厳密な定義は個々人によって異なるが、「精神的および物理的に私的なことをみだりに公開されない」ことを権利としたものがプライバシー権である。
　近代社会では、社会から自立して平穏な生活を送るうえで、個々人の私的な領域にむやみに他人を立ち入らせない権利が求められてきた。
　日本では、1964年におこなわれた『宴のあと』裁判によって、プライバシーの権利が注目されるようになった。この裁判では、表現の自由よりも私生活をみだりに明かされない権利が尊重される判決となり、その後のプライバシーの考え方に影響を及ぼしている。現在でも、公人や有名人でないかぎり、プライバシーは守られるはずだが、実際にはプライバシー侵害の事例が頻繁に発生している。

①『宴のあと』裁判
　作家・三島由紀夫が政治家・有田八郎の私生活をモチーフに小説『宴のあと』を出版したことにより、有田が自身のプライバシーを侵害されたと損害賠償請求と謝罪広告の掲載を求めて三島を訴えた裁判。判決では三島が敗訴（のちに和解）し、プライバシーが尊重される結果となった。

　身近なプライバシー権の範囲を図18で例示する。
　個人情報とプライバシーは互いに重なる概念もあるが、性別など、見た目などである程度識別できると考えられるものや、氏名など、社会生活を送るうえですでに広く知られている可能性が高いものなどは、単体ではプライバシーとは判断されないと考えられる。同様に、学籍番号や社員IDなどは、業務を遂行するうえでの共有が一般的に認められている。しかし、これらの情報が通学経路や病歴、テストの点数などプライバシーに関わる情報と組み合わさって他人に知られてしまうと、「心穏やかに生活すること」が困難になると判断できる。

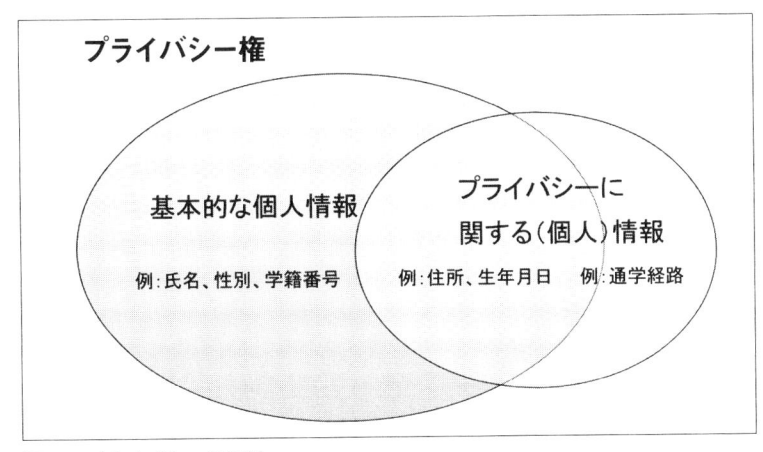

図18 プライバシーの関係

2-1-9 プライバシーマーク

　日本工業規格（JISQ15001：2006〔個人情報保護マネジメントシステム要求事項〕）に基づいて、民間企業や団体などが適切に個人情報を取り扱っていることを認証する制度として、プライバシーマーク制度がある。日本情報経済社会推進協会（JIPDEC）が、下記のような手続きを踏んで個人情報を取り扱っていることを確認したうえで、審査を経てマークの利用が認められる。

①個人情報取得の際には本人の同意を得ること
②個人情報を利用目的の範囲内で取り扱うこと
③個人情報を適切に管理すること
④本人から自己の個人情報を開示・訂正の請求に応じる仕組みを有すること

　このプライバシーマークを表示している会社や団体などは、顧客の個人情報を保護する努力をしていると評価することができる。しかし、表示が認められた会社や団体などでも、過去に個人情報流出事故を起こし

図19　プライバシーマーク

ていたり、マークを無許可で掲載する悪徳業者などが発生したりしているので、このマークは完全に個人情報が保護されていることを証明するものではないといえる。

2-2　図書館・学校業務として収集・管理すべき個人情報について

2-2-1　図書館業務に関わる個人情報

　図書館の業務を遂行するためには、表7に示すようなさまざまな個人情報を取り扱う必要がある。
　表7で取り上げた事項以外の個人情報を収集する場合は、「行政機関の保有する個人情報の保護に関する法律」や所管の行政機関の条例などに基づき、合理的な理由が説明できるようにしておく必要がある。
　例えば、駐車場の入庫管理などを実施している図書館では、自動車の登録ナンバーなどを管理業務遂行のために収集しても、合理的な説明ができると考えられる。しかし、本人確認のためという理由で免許証の番号やコピーを収集することは、利用者本人の合意が得られないかぎり、図書館業務に直接必要な個人情報と判断するのは困難である。
　また、図書館業務で扱う個人情報のうち、取り扱いに注意するべき事

表7　図書館で取り扱う個人情報の例

項目	理由
氏名	利用者の登録のため（本人確認のため）
生年月日	利用者の登録のため（本人確認のため）
性別	利用者の登録のため（本人確認のため）
利用者ID	利用者の登録のため
住所	利用者の登録のため（本人確認のため） 万が一、貸し出した資料が返却されない場合に連絡をとるため
電話番号	万が一、貸し出した資料が返却されない場合に連絡をとるため
メールアドレス	万が一、貸し出した資料が返却されない場合に連絡をとるため
貸出履歴	返却延滞などの罰則を科す場合に必要
予約情報	貸出予約サービスなどを提供するため
学校図書館の場合	
学籍番号	利用者の登録のため（本人確認のため）
所属（職業やクラス）	万が一、貸し出した資料が返却されない場合に連絡をとるため

項は、組み合わせることによって特定の個人を同定できるものである。

公共図書館の場合、利用者は市民だけでなく、通勤者や近隣の市町村住民など多岐にわたる。したがって、同姓同名の可能性などから、複数の個人情報を組み合わせて本人を確認する必要があるが、それだけに個人情報は厳重に管理しなければならない。

学校図書館の場合、利用者を在籍する児童・生徒に限定すれば、学籍番号やクラス名と出席番号などで個人を特定するのは比較的簡単である。したがって、むやみに複数の個人情報を収集せず、学校での属性にそった利用者登録が合理的である。他方、学校図書館を市民に開放する場合には、利用者IDなどで在籍児童・生徒か一般利用者かを分類して登録するのが賢明である。

①組み合わせて本人が特定できる場合

社会生活では、同姓同名の可能性もあるため、氏名などの1つの個人情報だけで特定の個人にたどりつくのは困難である。

しかし、氏名と住所、生年月日を組み合わせると、特定の個人にたどりつくことができる。したがって、本人確認などがすんだら、それ以上の個人情報は合わせて管理しないほうが安全である。

例:「田中太郎」さんは全国に複数いる可能性がある。しかし、A市
○○町○番地に住む田中太郎さんは同一人物である可能性が高い。さら
に、生年月日などが同じ"別人の田中太郎"さんが同居している可能性
はきわめて低い。

②1つの個人情報で本人が特定できる場合
　学校や会社などでは、学籍番号や社員IDだけで特定の個人にたどり
つくことができる。
　しかし、違う学校や会社では、同じ番号やIDが別の人に割り振られ
ている場合があるため、校外や社外に出ると、それによって特定の個人
にたどりつくのは困難である。
　万が一、IDなどが校外や社外に流出しても英数字の羅列だけであれ
ば、何の情報であるかは第三者にはわからない。
　例:A市立図書館利用者ID「13009230」は便宜的にA市の図書館利
用者に限って一意に割り振られた番号であり、別の施設や組織で同じ
13009230という番号は違う意味をもっている可能性がある。

2-2-2　利用者の登録

　現代の情報社会でも、図書館に限らず利用者の登録や本人の確認をす
る際には、申込書などの用紙に記入して作業を進める手順になっている
ところが多い。
　図書館の場合、利用資格を市民か市内に通勤する者と定めている場合
がある。市内に通勤する人に対しては、資格を満たしている証明になる
書類を提出するか、提示にするかなど、明確に定めておく必要がある。
　また、利用登録をする際に、個人情報の取り扱いについて同意を得て
おく必要がある。
　具体的には、あらかじめ定めた個人情報保護に関する規則を提示し、
その内容の許諾を得たうえで利用を申し込む手順にする。この際、規則
の趣旨をよく理解してもらうことが重要であり、「読んだはず」「承諾し
たはず」とならないように、わかりやすい規則の提示方法を検討してお
くべきである。また、ウェブサイトなどにも掲載し、図書館外からも確

認できるようにしておくのが親切である。

2-2-3　個人情報保護に関する規則

　　個人情報保護に関する規則を定めることは、図書館や学校図書館で個人情報を扱ううえで、利用者への説明責任を果たす観点から大変重要である。
「行政機関の保有する個人情報の保護に関する法律」や所管の行政機関の条例などに基づいて制定することが重要だが、次のような項目を盛り込む必要がある。
①個人情報収集の目的
②個人情報の定義（収集する項目）
③個人情報を使用する場所（図書館内に限る。もしくは複数の図書館でだけ利用するなど）
④利用目的
⑤個人情報の変更や修正・削除の受付方法

　　規則の例を次に示す。

○○市立図書館　個人情報の取り扱いについて

①個人情報の収集の目的
・次の場合に利用者の同意を得たうえで個人情報を提供していただきます。
　利用者登録・変更のために必要な個人情報
　資料の貸出時に用いる貸出資料情報
　資料の予約申込に関する個人情報
②個人情報の範囲（個人情報の内容）
・取り扱う個人情報は次のとおりです。
　名前
　住所

第2章　個人情報とプライバシー

性別
　　生年月日
　　電話番号
　　勤務先または学校
　　予約・貸出資料情報
　　メールアドレス
③個人情報を使用する場所
・図書館で収集した個人情報は、市が設置する次の機関で共通して使用します。
　　○○市立中央図書館、○○市立こども館図書室、○○市立中央図書館東分館
④利用目的
・図書館で取得した個人情報は、次の目的のために利用します。それ以外の目的で利用することはありません。
　　利用者登録に関すること
　　予約資料に関すること
　　貸出資料に関すること
　　利用統計データの作成
・ただし、裁判官が発した捜索・押収令状に基づく場合などやむをえない事情がある場合には、個人情報を司法機関などに利用者の同意なく開示・提供することがあります。
⑤個人情報内容の変更
・利用者登録情報は次の場合に変更します。
　　名前・住所・勤務先・学校・電話番号・メールアドレス
　　　利用者からの変更のお申し出により変更します。確認できる書類（免許証・保険証など）が必要です。
　　予約資料情報
　　　利用者が予約資料を受け取るか予約を取り消した場合、予約資料情報は消去します。
　　貸出資料情報
　　　資料返却時に消去します。
⑥個人情報内容の削除

・図書館を利用しなくなったときは、お申し出により利用者登録を削除します。

2-2-4 学校の教育活動に関わる個人情報

学校は児童・生徒に教育活動をおこなう施設であるため、表8に示すようなさまざまな個人情報を取り扱う必要がある。

表8　学校で取り扱う個人情報の例

学籍情報	学籍簿、個人カード、卒業者名簿など
教務情報	指導要録、成績原簿、成績通知書、出席簿、試験用紙・レポート、健康診断記録など
学生生活情報	相談指導記録、学費納入記録、奨学金申請記録、賞罰関係の記録など
入学関係情報	入学予定者名簿、受験者リスト、合否判定リスト、合格者リストなど
進路・就職情報	就職希望一覧、就職内定一覧、インターンシップ先リストなど
保護者情報	PTA会員リスト、家族構成調査票、緊急連絡一覧など

国立大学法人と附属学校園では「独立行政法人の保有する個人情報の保護に関する法律」、公立学校は所管の行政機関の条例などに基づいて個人情報を扱う必要がある。また、私立学校は、個人情報保護法で定められる「個人情報取扱事業者」として個人情報を扱う必要がある。

学校はそのほかの公共性が高い施設と異なり、学習指導や生活指導、進路指導などで非常に多くの個人情報を取り扱う機関である。また扱う情報も、クラス担任や教科担当者といった1人の教師が管理する個人情報から、学年や学校全体でとりまとめて利用する個人情報まである。さらに、部活動や児童会・生徒会活動などで児童・生徒自身が自ら取り扱う個人情報もあるなど、その内容は多岐にわたっている。

加えて歴史が長い学校では、これまでの卒業生の名簿だけでなく、勤務した教職員の名簿など膨大な個人情報を紙メディアなどで保管していて、保管方法もさまざまである。

したがって、これらを適切に取り扱うためには、管理する体制の整備

と方針を検討する必要がある。具体的には、管理の体制としては、個々の教職員が自身の担当する部門で責任をもつとともに、学校が組織として管理するうえでは次のような検討項目がある。
・個人情報保護責任者（校長もしくは副校長・教頭）
・個人情報保護管理者（個人情報を取り扱うメディアについて、仕組みや特徴を理解している教職員）
・個人情報保護研修担当
・相談窓口

　また、管理の方針として次の視点で検討する。
①不要なデータを集めない。
　流出したら、不要な個人情報も流出する。
②データをまとめない。
　流出したら、すべての個人情報が流出する。

　管理体制も管理方針も、最初から実施できないようなものだと、のちに規則違反が生じる原因になってしまうので、努力すれば守ることができる範囲で検討する必要がある。
　過去に、個人情報の管理規定が定められ、個人情報の持ち出しが全面的に禁止されていたにもかかわらず、残業や休日出勤を禁じる規則になっていたため、規則違反だとわかっていても個人情報をUSBメモリに保存して持ち出した事例などが多く発生した。やむなく個人情報を持ち出す場合には、氏名などが含まれない情報とし、暗号化などの対策を講じたうえで持ち出すなどの規則の制定が適切である。
　このほか、学校で起こりうる個人情報保護に関する相談などの事例について、下記に紹介する。

①クラスの緊急連絡網が個人情報保護の観点から作成されていない。
　学校での緊急連絡網など、クラス運営で必要だと判断される名簿が、個人情報を保護するという理由で作成されない事例がある。しかし、本人・保護者から事前の同意を得たり、オプトアウト（本人・保護者からの申し出により個人データの第三者提供を停止する）の制度を設けることで、名

簿を作成することができる。事前に同意を得たり、後日のオプトアウトでの対応は、作業は増えるが、個人情報保護法に基づく必要な手続きである。
②学校行事での写真撮影の廃止。

　児童・生徒の顔が明確にわかる写真は、個人情報だと判断されることがある。したがって、個人情報保護の観点から、学校行事で写真撮影がおこなわれない事例がある。この場合も、保護者が「自分の子どもが写った写真をほかの保護者に渡す」ことを承諾すれば、個人情報保護の問題はなくなる。事前の同意を得たり、オプトアウト制度を設けることで対応することが必要である。

2-2-5　管理者としての心得

　図書館や学校図書館のシステム構築を、すべて担当者だけでおこなうのは困難である。必要に応じて市販されているソフトウェアを導入したり、システム構築を業者に発注したりする場合もあると想定できる。
　システム構築などを外部の事業者などに委託する場合は、次の視点で確認することが必要である。
①生徒などに関する個人データを取り扱う従業者とその権限を明確にしたうえで、その業務をおこなわせること。
②生徒などに関する個人データは、その取り扱いについての権限を与えられた者だけが業務の遂行上必要な限りで取り扱うこと。

　また、個人情報の取り扱いの規程を定める際のポイントを下記に例示する。

〔個人情報取扱規程の要点〕
（1）取得・収集等
①取得・収集時に具体的な利用目的を明示し、不必要な情報は収集しない。
②原則として、第三者からの個人情報の入手は行わない。

③取得・収集した情報を紛失しないようにする。
④基本的人権を侵害する可能性のある情報（人種や民族、本籍、信教、政治的見解および労働組合の加盟、保健医療および性生活）の収集をしない。
（2）利用等
①目的以外の利用を禁止する。
②個人情報の利用者を制限する。
③不必要なデータのプリントアウトを禁止する。
④個人情報の私的利用目的の検索・閲覧を禁止する。
⑤第三者への情報提供をしない。
（3）保管・管理
①文書、はがき、磁気媒体は施錠して保管する。
②電子データ等へのアクセスは制限をする。
③文書、はがき、磁気媒体等の放置を禁止する。
（4）委託
①データ処理や発送代行のために情報を提供する委託業者は、一定の基準により選定する。
②委託業者とは所定の業務委託契約を締結する。
（5）管理責任者
①各部署に個人情報を管理する責任者を設置する。
②管理責任者は当該部署等の個人情報について、収集の方法、管理、複写、委託業者との契約、社外への持出し等についての監督を行う。
（6）複写
①原則複写を禁止とする。
②文書やファイル（電子ファイルを含む）の複写は、管理責任者の許可を得る。
（7）社外への持出し
①個人情報の持出しは原則禁止とする。持出す場合は管理責任者の許可を得る。
②持出しをする場合は、外出先で手荷物等として預けない。
③ノートPC等を携行する場合は、パスワード等を設定のうえスクリーンセイバーを利用し、容易に第三者に見られない措置をする。
④電子メール（添付ファイルを含む）は暗号化またはパスワードを使

用する。
（8）更新
①個人情報の更新は、文書やファイル（電子ファイルを含む）を更新できる者を特定して制限をする。
②更新した内容は、別の者がその内容を確認し正確性を保つようにする。
（9）破棄
①保存期間の過ぎた文書等紙媒体はすべてシュレッダーにより確実に処理をするか、正規の廃棄業者（機密保持契約を締結済みの業者）に渡す。
②保存期間のある文書やファイルは、社内規程に基づき保管ののち前号と同様に確実に破棄をする。
③電子媒体は、上書きまたは物理的破壊により確実に破棄をする。
④サーバーや端末PCについて、廃棄またはリース満了における返却は、ハードディスク内のデータを消去ソフトまたは上書き等により確実に再生できないようにする。
⑤サーバーや端末PCについて、廃棄またはリース満了による返却をするときは管理責任者の立合いのもとに引渡し・返却を実施し、業者からマニフェスト（廃棄証明書、ハードディスクのフォーマット済証明等）を受取る。
（10）端末PCの使用
①個人のPC等を会社に持込まない。
②会社から貸与された端末PCを個人的な使用（ウェブサイトの閲覧、電子メール送受信）に用いない。

（出典：日本書籍出版協会／日本雑誌協会「出版社における個人情報保護対策の手引」）

2-3 個人情報とプライバシーの関係について

2-3-1 業務とプライバシー

　図書館や学校図書館では、資料の貸出や返却、貸出予約などの業務を通じて、利用者の好みや思考などを目にしたり把握したりできる機会が存在する。

　したがって、利用者のプライバシーに配慮しながら、次の業務を進める必要がある。

①通常の貸出業務に必要な個人情報
・利用者ID
・氏名

②図書管理に必要な個人情報
・リクエスト（資料購入などの参考になる）
・資料ごとの貸出日時

表9　貸出業務で取り扱う個人情報の例

貸出業務に必要な個人情報		
管理に必要ない情報	管理に必要な情報（返却催促なども含む）	これさえあれば、管理できる情報
性別 生年月日 職業・学年	利用者ID 氏名 住所 連絡先（電話番号やメールアドレス）	利用者ID
主題 NDCコード	書籍ID ISBN 書誌	書籍ID

　主題やNDCコードなどは書籍管理には必要な情報だが、個人の好みや思考、病気の悩みなどのデータでもあるので、プライバシーの観点からすると、利用者は収集されるのを望まない情報と考えられる。

　「管理に必要な情報」は、その収集を合理的に説明できるが、「管理に必要ない情報」は、利用者が提供の可否を自身で決定できるようにする（表9）。

利用促進や資料選定計画の策定を目的に「資料購入希望調査」や「希望サービスアンケート」などを実施する場合があるが、その際には、個人情報（個人を特定できる情報もしくはその組み合わせ）と質問項目などの内容が同時に収集されないように配慮をする必要がある。

2-3-2 安心・安全とプライバシー

地域住民の利用が増大するにつれて、公共施設に安心や安全を期待する人が増加している。その流れのなかで、監視カメラを設置したり、入退場時に利用資格の確認をする施設が増えている。こうした機器の設置は、防犯などの観点からは有効だと判断されるが、使用方法を誤ると重大なプライバシー侵害になる恐れがある。したがって、次の事項について対応を検討する必要がある。

①防犯カメラを設置していることの告知
②運用規程の策定
・設置者
・監視だけか録画しているかの明示
・視聴できる者
・外部に提供する場合の条件（司法の要請に基づくなど）
③運用規程の掲示

2-3-3 児童・生徒のプライバシー

図書館でも子どもの利用者は一定数あり、学校図書館では利用者の多くが児童・生徒である。

したがって、図書館や学校図書館では児童・生徒のプライバシーを考慮しながら業務を進める必要がある。児童・生徒のプライバシーに関しては、ユニセフの子どもの権利条約に基づき、次の視点で対応を検討する。

①子どもの権利条約が定めている権利
・生きる権利

＊防げる病気などで命を奪われないこと。病気やけがをしたら治療を受けられることなど。
・育つ権利
＊教育を受け、休んだり遊んだりできること。考えや信じることの自由が守られ、自分らしく育つことができることなど。
・守られる権利
＊あらゆる種類の虐待や搾取などから守られること。障害がある子どもや少数民族の子どもなどは特に守られることなど。
・参加する権利
＊自由に意見を表したり、集まってグループを作ったり、自由な活動をおこなったりできることなど。
（出典：日本ユニセフ協会「子どもの権利条約」）

　この条約は、人類社会のすべての構成員の固有の尊厳と平等かつ奪えない権利を締結国が認めることになっていて、図書館や学校図書館などでの児童・生徒のプライバシーの取り扱いについても配慮が必要である。

2-3-4　進化する技術に対応したプライバシー

　情報社会では、インターネットや携帯電話などの情報通信機器の進化が著しい。また、さまざまな機能の追加によって新しいサービスも次々に提供されている。
　こうした点では、私たちの生活を便利にする半面、個人情報や生活、行動、好みなどプライバシーに関する情報を提供しないと、その恩恵を受けにくい社会であることも認識しておかなければならない。
　図書館に関係する具体例として、佐賀県の武雄市立図書館が管理業務を事業者に委託してポイント制で利用促進を図っている事例があり、ほかの自治体にも利用促進などの観点からポイントを付加することを検討しているところがある。
　この場合に注意しなければならないのは、公共性が高い図書館が利便性などを求めること、そして、利用促進のためにポイントというインセンティブを付加する際のプライバシーとのバランスである。利便性とプ

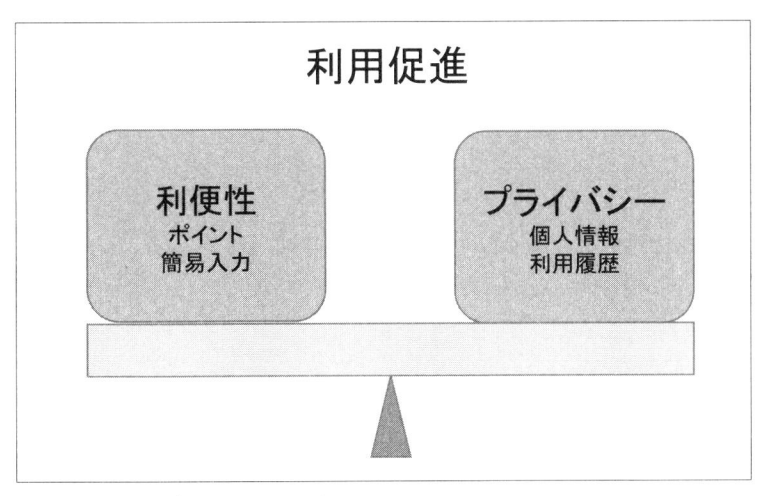

図20 利便性とプライバシーのバランス

ライバシーは図20に示すように微妙なバランスの上に成り立っていて、個人によってその重要性は異なる。

インセンティブは、平等性（機会均等）とプライバシーを保全しながら付加することが重要である。情報社会では、ポイントを得るということはある価値を得ることであり、その対価に何らかの代償を払っていることを意識しておかなければならない。

また、ポイントを付加するということは、付与する者が企業であっても公共団体であっても、次の視点から判断する必要がある。

- ポイントの付加
  ＊企業通貨
  ＊商品やサービスと交換することができるポイントプログラム
  ＊顧客の囲い込みから、利用促進に発展
  　例：Tポイント、PONTA……
  ＊企業活動だけでなく、非営利活動（図書館業務）などへの利用範囲拡大

また、利便性とプライバシーのバランスについては、個々の利用者が

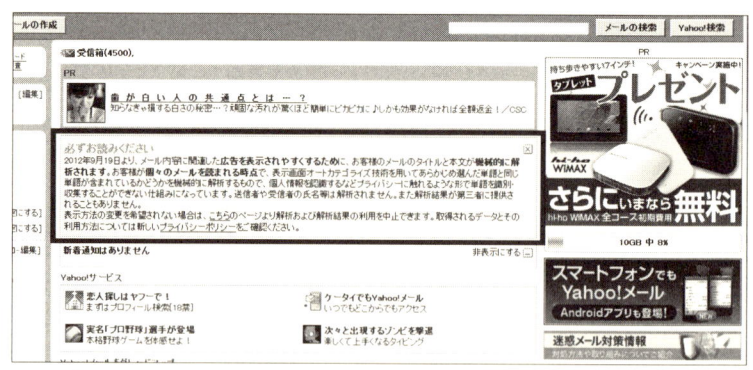

図21 「Yahoo!メール」でプライバシーの確認をする画面

自分で判断して利用を決定する権利を保障する必要がある。

このほか、インターネット上で検索した際に検索結果画面に表示される広告や、ウェブメールの画面に表示される広告は、情報のやりとりのなかでコンピュータが自動的に割り出した関連キーワードに基づいて表示されている。そのことを断ったうえでサービスを提供している会社が増えているが、自動識別するコンピュータとはいえ、自らのプライバシーに関わる情報を自分以外のモノが操作していることと、自身の利便性とのバランスを意識しながら活用する必要がある。

図21は、キーワードを自動的に利用していることを断っている画面の一例である。

2-3-5 SNSの個人情報とプライバシー

「Facebook」などのSNSは個人情報やプライバシーの公開を前提として成り立っている。

情報社会でのプライバシーに関しては、「自分の情報や行動などを他人にまったく知られることがない」ということではなく、「自分の情報や行動がどう流れているかを各自が知り、コントロールする」ことの権利が重要視されている。

情報社会でインターネットを通じて友人や知人と関わることは、少なからずプライバシーを提供していることになり、個人でプライバシーに

関する情報をどの程度、提供しているのかの把握をしなければならない。また、「何をした」とか「何を食べた」などの日記的なプライバシーだけでなく、集団写真などでは人間関係などもわかってしまうため、より詳しいプライバシーを提供していることを自覚する必要がある。

　情報社会のなかで起こりうることとして、SNSですごく仲がいい友人にだけ「その日に起こった出来事」を紹介したつもりだったのに、プライバシーの設定が「すべて公開」となっていたため、その記事を目にした人が気分を害したという事例、あるいは友達の友達である見ず知らずの人に自分の行動がすべて知られてしまった事例などが数多く発生している。

　具体的には以下のような事例がある。

①SNSに投稿した写真に自宅のGPS情報が付与されていて、自宅を他人に知られていた。
②友達が投稿した写真に勝手に名前のタグをつけられたことによって、見ず知らずの人にも交友関係が知られてしまった。
③ある会社の営業担当者が営業活動の一環で「友達」申請をしてきた。さらに自分の友達にも勝手に友達申請をし、営業活動を広げようとした。
④イベント会社の公式SNSの担当者が誤って、個人のSNSに投稿するはずだった私的な記事を公式SNSに投稿してしまった。

　図書館や学校図書館などで業務上SNSを設置する場合には、管理者など記事を作成する担当者は自身のプライバシーをよく考慮し、公式SNSと個人のSNSで情報を区別したりする工夫が必要である。

　また、「友達」や「友達の友達」「すべての人」などの関係性に応じて、表示する情報のレベルを変更することができるSNSも多いので、プライバシーの意識を高くもって設定する。

　図22に、よくあるSNSの画面でプライバシーの観点から気をつけるべきポイントを示す。氏名や出身校、現住所などを誰が見ることができるのか、設定をよく確認しておく必要がある。

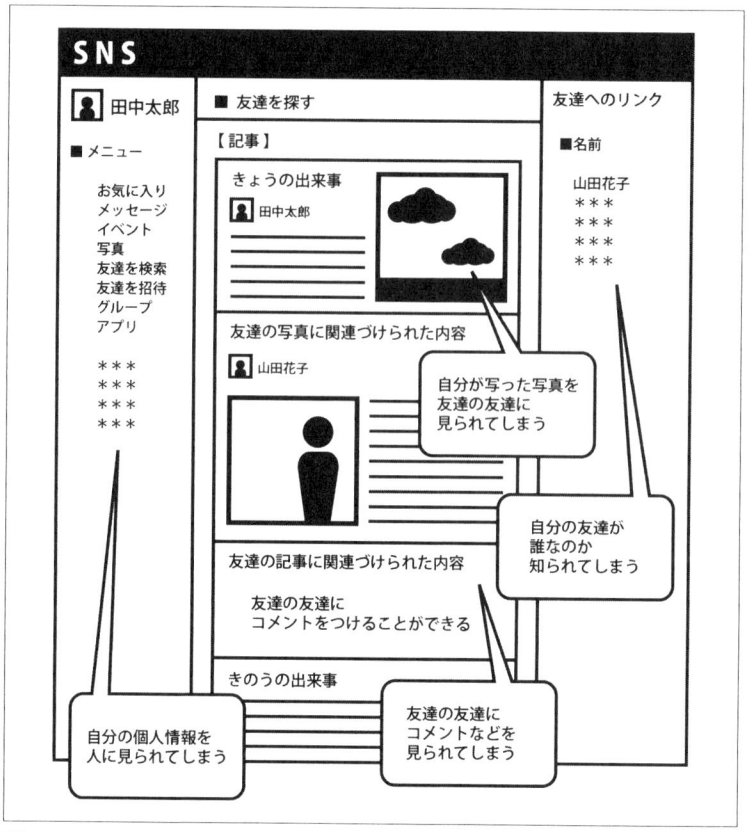

図22　SNSのイメージ

2-4　ケーススタディ

Q：貸出記録を、家族を名乗る者から開示するように求められた。開示の必要性はあるか？

A：個人情報は原則として、本人以外には提供することはできない。ただし、本人が未成年の場合は法定代理人（保護者など）に本人と同等の権利が認められるため、法定代理人の本人確認をしたうえで知らせること

は可能である。

Q：行政監査により、図書館の利用に関する情報開示の請求があった場合には、どのように対応すればいいのか？

A：個人情報を公開できるのは、㋐本人の同意がある場合、㋑法令に定めがある場合、㋒出版、報道その他これらに類するものにより、公知性が生じた個人情報である場合、㋓人の生命、健康、生活または財産上重大な危険を避けるため、緊急かつやむをえない理由がある場合、㋔実施機関が職務執行上特に必要があり、あらかじめ審議会の意見を聞いた場合などに当てはまるときである。

Q：図書館の利用者登録の作業を円滑にするために、運転免許証のコピーをとらせてもらってもいいか？

A：運転免許証には、本人の氏名や住所のほかに、運転免許証番号や本籍地、運転することができる車両の種類など、図書館を利用するために提供しなければならない範囲を超えた個人情報がたくさん記載されている。しかし、必要な情報の部分だけを抜き出してコピーすることは煩雑になるので、申し込み者本人が用紙に記載した情報が正しいことを確認するために、身分証明書として運転免許証の提示を求める程度にするのが望ましい。

　万が一、運転免許証のコピーが何らかの理由で外部に流出すると、重大な個人情報流出事件となってしまう。

Q：利用促進を図るために、利用回数に応じてポイントを付与してもいいか？

A：利用のたびにポイントを付与するということは、利用番号に対して利用回数や利用内容のデータを関連づけて情報を管理することになる。利用回数や利用内容などはプライバシーの侵害につながりうるデータなので、管理は慎重におこなう必要がある。

2-5 まとめ

　本章では、日本の個人情報の制度について解説した。特に公共図書館に対しては条令によってその取り扱いが定められている。また、個人情報とプライバシーの関係について解説した。

　情報社会では多くの個人情報をディジタル化して扱うために、プライバシーを保護し健全な情報社会を築くには正しい知識と技術の習得が重要である。

第3章

知的財産とは何か
―― 著作権と産業財産権

3-1 一般的な著作物の扱い

3-1-1 情報社会の知的財産

　高度情報社会では、ウェブページなどによって文章や写真、画像が流通するだけでなく、動画や音声などを容易にパソコンや携帯端末などで閲覧することができるようになった。

　これまでの社会でも書籍や雑誌などさまざまな著作物が流通していたが、インターネット社会では、従来の著作物が流通するだけでなく、携帯端末で撮影した写真をウェブページに掲載するなど、個人による著作物の制作・発信も簡単にできるようになった。同時に、他人の著作物をパソコンで閲覧したり、ダウンロードして加工したりすることも、日常的におこなわれる時代になっている。

　さらに、インターネットを通じたショッピングシステムの目まぐるしい変化により、信頼のおける取引相手であるかどうかの目印となる商標などの役割が重要になってきている。

　パソコンなどの情報通信機器を用いることによって、ディジタル情報を扱う機会が増え、ネットワークを通じて知的財産の流通が増加している。アナログ形式で情報を保存し、流通させるこれまでの状況と比較すると、手軽に他人の著作物などの知的財産を扱ううちに、意図せずに知的財産権を侵害したり、侵害された知的財産に接する機会が増加するようになってきた。

　そうした世の中の変化に伴い、世界中で知的財産を適切に利用するニーズが高まっていて、なかでも著作権に関する学習は、学校教育でもその制度の理解や適切な利用態度の育成が重要視される時代になっている。

　今後、電子黒板やディジタル教科書を用いた学習指導方法が確立される過程で、ディジタル化された知的財産についても正しく取り扱う知識を身につけていく必要がある。

3-1-2 知的財産の構成

　知的財産は、知的財産基本法で次のように定義され、著作権法や特許

法、商標法、意匠法などによって、その取り扱いが定められている。

> 第2条　この法律で「知的財産」とは、発明、考案、植物の新品種、意匠、著作物その他の人間の創造的活動により生み出されるもの（発見又は解明がされた自然の法則又は現象であって、産業上の利用可能性があるものを含む。）、商標、商号その他事業活動に用いられる商品又は役務を表示するもの及び営業秘密その他の事業活動に有用な技術上又は営業上の情報をいう。
> 　2　この法律で「知的財産権」とは、特許権、実用新案権、育成者権、意匠権、著作権、商標権その他の知的財産に関して法令により定められた権利又は法律上保護される利益に係る権利をいう。

したがって、知的財産権とは、自らが有する知的財産を所持し、独占する"権利"のことである。また、知的財産権の構成は図23のように、著作権と産業財産権に大きく分類することができる。

さらに、コンピュータのCPUパターンを権利化した回路配置利用権や植物の種苗の品種を独占する権利である育成者権などもある。

加えて、有名人の肖像や言動などが消費者の行動に影響を及ぼすとい

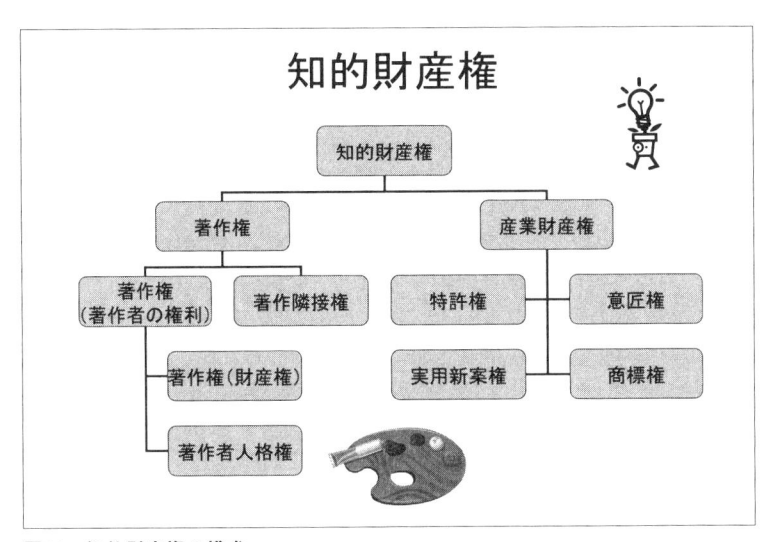

図23　知的財産権の構成

うことから、有名人に与えられるパブリシティ権なども知的財産権の保護範囲にあたるという判断もなされている。

3-1-3 著作権の概要

文章や音楽、映像など、文化的な創造活動によって作られたものを著作物と呼んでいる。著作物の範囲は、小説や詩などから動画やウェブページなどまで多岐にわたり、これらの著作物は創造した人に独占する権利である著作権が与えられる。したがって、著作物を他人が勝手に利用したりすることは原則的に許されない。

①著作権法が例示する著作物
- 言語の著作物（小説、脚本、論文、講演など）
- 音楽の著作物（楽曲など）
- 舞踊、無言劇の著作物（バレエやパントマイムの振り付けなど）
- 美術の著作物（絵画、版画、彫刻、漫画、書、舞台装置など）
- 建築の著作物（建築物自体。ちなみに、設計図は図形の著作物）
- 地図、図形の著作物（地図、学術的な図面、図表、模型など）
- 映画の著作物（劇場用映画、テレビ映画、ビデオソフトなど）
- 写真の著作物（写真やグラビアなど）
- プログラムの著作物（コンピュータ・プログラムなど）

ただし、次のものは著作権がない著作物（権利の目的とならない著作物）となる。

---

①憲法その他の法令
②国若しくは地方公共団体の機関、独立行政法人又は地方独立行政法人が発する告示、訓令、通達その他これらに類するもの
③裁判所の判決、決定、命令及び審判並びに行政庁の裁決及び決定で裁判に準ずる手続により行われるもの
④上記に掲げるものの翻訳物及び編集物で、国若しくは地方公共団

体の機関、独立行政法人又は地方独立行政法人が作成するもの

（出典：著作権法第13条）

著作権の概念は、活版印刷の技術が開発され、大量に書籍などを印刷することができるようになった時期に生まれたと考えられている。それまでにおこなわれてきた模写などに比べて、大量に印刷されて世の中に簡単に出回ってしまうと、著作物を制作した人の努力が報われないことになる。そうした事態を避ける仕組みとして、印刷される著作物の利益の一部を得ることができるように権利化したものが、著作権の基本的な考え方である。

著作権は、表10のようにそれぞれの場面で権利が細かく定められている。

表10　著作権

複製権	無断で複製されない権利
上演権	演劇などを無断で公衆に上演されない権利
演奏権	音楽などを無断で公衆に演奏されない権利
上映権	映画などを無断で公衆に上映されない権利
口述権	言語の著作物を無断で公衆に口述されない権利
展示権	美術や写真の著作物を無断で公衆に展示されない権利
公衆送信権	著作物を無断で公衆に送信されない権利
譲渡権	著作物を無断で公衆に譲渡されない権利
貸与権	著作物を無断で公衆に貸与されない権利
頒布権	映画などの著作物を無断で公衆に頒布されない権利
翻訳権	著作物を無断で翻訳されない権利
翻案権	著作物を無断で翻案されない権利
二次的著作物利用権	著作物（原作）を翻訳したり、編曲したりして創造的に加工することで二次的著作物を創作する権利

これらのなかで、公衆送信権は放送設備や自動公衆送信設備（インターネットのサーバなど）を用いて不特定多数の人に送信されない権利であり、テレビ放送だけでなく、インターネットのウェブページなどにも適応され、情報社会のなかで注目されている権利である。

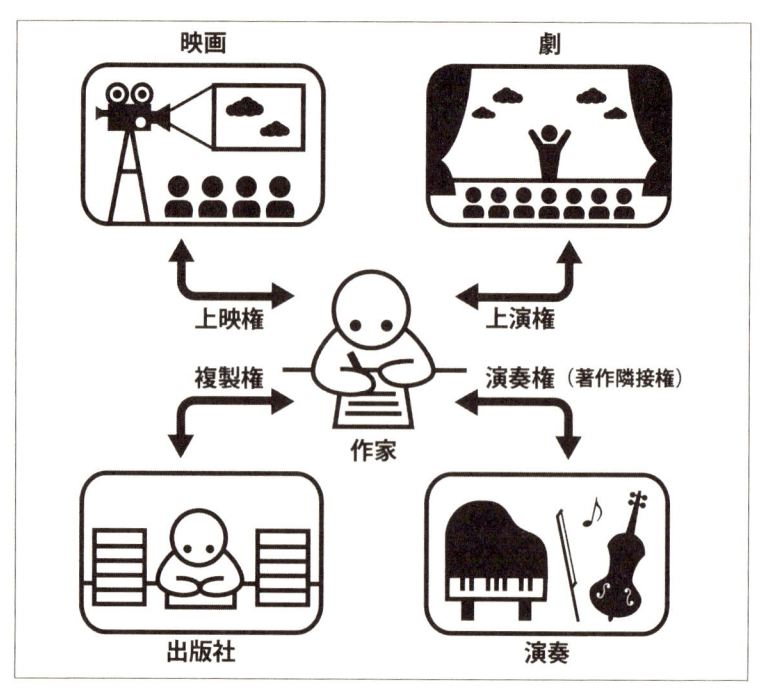

図24　著作権の関係の例

　頒布とは、公衆に対して「映画の著作物」（映画、アニメ、ビデオなどの「録画されている動く作品」）を譲渡したり貸与したりすることを意味し、頒布権は劇場用の映画での著作者の権利を強力に保護するものである。
　著作権は、著作物を創造した著作権者が出版社と複製権の契約などを結ぶことによって、譲渡したりすることができる。図24に示すように、著作権には複雑な関係が数多くある。
　著作権の範囲には、著作者による経済的な権利の独占を認めたもののほかに、著作物の創造の際に込めた思いやその後の気持ちを尊重する著作者人格権がある。
　著作者人格権は表11のように、著作物に対する著作者の人格権を保護する性質のものである。

表11　著作者人格権

公表権	著作物を公表するか否かを決定する権利
氏名表示権	公表する著作物に著作者名（実名・変名）を表示するか否かを決定する権利
同一性保持権	著作物の題目や内容を改変されない権利

（出典：http://cric.or.jp/index.html）

これらの著作者人格権は、そのほかの著作権と異なり、譲渡したり相続したりすることができず、著作物を創造した第一次著作者だけが所有することになる。
　著作物を創造した者以外でも、著作物を公衆に伝達する者が重要な役割を担っていることで与えられる権利があり、著作隣接権と呼ぶ。具体的には表12から表14のような権利が定められている。

表12　実演家の権利

氏名表示権	実演家名を表示するかしないかを決めることができる権利
同一性保持権	実演家の名誉・声望を害する恐れがある改変をさせない権利
録音権・録画権	自分の実演を録音・録画する権利
放送権・有線放送権	自分の実演を放送・有線放送する権利
商業用レコードの二次使用料を受ける権利	商業用レコード（市販用のCDなどのこと）が放送や有線放送で使用された場合の使用料（二次使用料）を、放送事業者や有線放送事業者から受ける権利
譲渡権	自分の実演が固定された録音物などを公衆へ譲渡する権利
貸与権など	商業用レコードを貸与する権利（最初に販売された日から1年に限る）。1年を経過した商業用レコードが貸与された場合には、貸しレコード業者から報酬を受ける権利
送信可能化権	インターネットのホームページなどを用いて、公衆からの求めに応じて自動的に送信できるようにする権利

（出典：同ウェブサイト）

表13　レコード製作者の権利

複製権	レコードを複製する権利
商業用レコードの二次使用料を受ける権利	実演家の場合と同じ
譲渡権	レコードの複製物を公衆へ譲渡する権利
貸与権など	実演家の場合と同じ
送信可能化権	実演家の場合と同じ

（出典：同ウェブサイト）

表14　放送事業者の権利

複製権	放送を録音・録画及び写真的方法によって複製する権利
再放送権・有線放送権	放送を受信して再放送したり、有線放送したりする権利
テレビジョン放送の伝達権	テレビジョン放送を受信して画面を拡大する特別装置（超大型テレビやビル壁面のディスプレイ装置など）で、公に伝達する権利
送信可能化権	実演家の場合と同じ

（出典：同ウェブサイト）

3-1-4 著作権の利用

　他人の著作物を利用する場合には、次のような流れで、利用許諾を得なければならないものか、利用許諾を得なくてもいいものかを判断する必要がある。特に学校図書館では、法令や地方自治体作成の著作物でそれ自体に著作権がないものと、著作権法第35条で定められた範囲で許諾を得なくても利用できるものが多く、正確な知識と適切に利用する姿勢が求められる（図25）。

　著作権の保護期間は、原則的に、著作物を創造した時点から著作者が亡くなって50年が経過した時点までである。無記名や変名（本名がわからない場合）の著作物、および団体著作の著作物は公表後50年が経過した時点まで保護される。さらに、映画の著作物は公表後70年が経過した時点まで保護される。

　保護期間の計算方法は、著作者が亡くなった時点もしくは、著作物を公表した時点から起算する。著作者人格権は、著作者の生存期間が保護

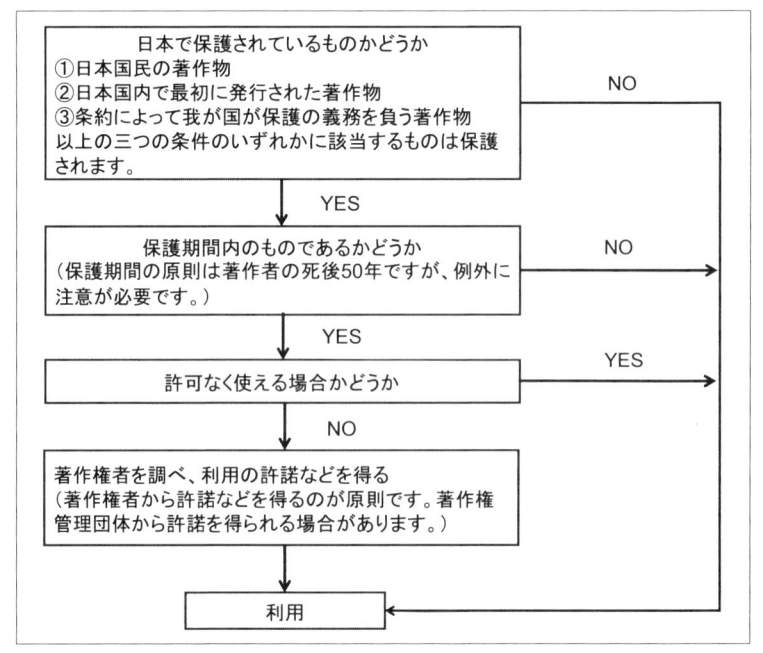

図25　著作物の適切な利用
（出典：http://www.bunka.go.jp/chosakuken/gaiyou/riyouhouhou.html）

期間となるが、保護期間を過ぎても著作者人格権を侵害する行為は避けるべきと考えられている。

①権利制限
　著作物を利用する場合は、原則的に著作権者に許諾を得る必要があるが、いくつかの条件がそろった場合に許諾なしに利用することができる制度があり、権利制限（著作権者の権利が制限されること）と呼ぶ。権利制限となる条件は次の場合である。
ⓐ私的利用
　個人が私的に利用するための複製が認められている。
　この場合の条件は以下である。
・家庭内など限られた範囲内で、仕事以外の目的に使用すること
・使用する本人がコピーすること
・コピープロテクトなど技術的に複製を制限する仕組みを解除して複製するものでないこと
・著作権を侵害したインターネット配信と知りながら、音楽や映像をダウンロードするものでないこと
ⓑ引用
　他人の主張や資料などを「引用」する場合に複製が認められている。
　この場合の条件は以下である。
・すでに公表されている著作物であること
・「公正な慣行」に合致すること
・引用の目的上「正当な範囲内」であること
・カッコなどで明示することにより「引用部分」が明確になっていること
・引用をおこなう「必然性」があること
・「出所の明示」をすること
ⓒ教育機関での利用
　学校や大学などの教育機関で教材などとして用いる場合に複製が認められている。
　この場合の条件は以下である。
・営利を目的としない教育機関であること

- 授業などを担当する教員自身もしくは授業などを受ける学習者自身が複製すること（ただし、授業の資料を作成するのを補助する人が複製することは可能であり、例えば、印刷補助員が在籍する学校での複製業務は可能である）
- 授業のなかで複製した教材を使用すること
- 必要な限度内の部数であること
- すでに公表されている著作物であること
- 遠隔教育のために、主として授業をおこなう場所から離れた授業の様子を配信する場合の著作物の利用
- 試験問題としての利用
- その著作物の性質から判断して、著作権者の利益を不当に害しないこと（例えば、問題集やドリル集など、個々の学習者が購入することを想定して販売されているものを複製する場合などは対象外）

ⓓ 非営利活動での利用

この場合の条件は以下である。

- 「上演」「演奏」「口述」「上映」のいずれかであること（「コピー・譲渡」や「公衆送信」は含まれない）
- すでに公表されている著作物であること
- 営利を目的としていないこと
- 聴衆・観衆から料金などを受けないこと
- 出演者などに報酬が支払われないこと

ⓔ 図書館での利用

この場合の条件は以下である。

- 国立国会図書館と政令で定める図書館であること
- 図書館がおこなう複製は、「営利」を目的としない事業であること
- 該当の図書館が所蔵している資料を複製すること
- 次のいずれかの場合であること

　調査研究をおこなう利用者の求めに応じて、すでに公表されている著作物の一部分を提供する場合

　図書館資料の保全や保存のために必要がある場合

　ほかの図書館の求めに応じ、入手することが困難な図書館資料を複製する場合

　国立国会図書館は、国内で発行された書籍を保存することを目的にし

て、資料をディジタル化することが認められている。

　このほか、著作物を視覚障害者のために点字に複製したり聴覚障害者のために別の方法で表現しなおしたりする行為や、報道や裁判、法律に基づく情報公開や情報開示のために著作物を複製する行為も認められているが、いずれも、著作権者の権利を不当に侵害しないことが求められている。

②ソフトウェアなどのイラストの利用
　パソコンのソフトなどで、挿絵やアイコンなどに利用することができるイラスト（例：マイクロソフト社のワードなどでのクリップアート）は多くの場合、ソフトウェアの正規の利用者であれば挿絵などとして利用することができる。これは、ソフトウェアのメーカーがソフトウェアを利用するうえで必要な要素だと判断して、利用許諾を結んでいることになっているからである。マイクロソフト社の製品の場合、正規にインストールされたワードで「図書館通信」などの文書を作成する際に、クリップアートを利用して挿絵を入れる行為は、許諾の契約をすでに結んでいるものと判断することができる。この場合でも、利用許諾の条件により、クリップアートを用いて作成した著作物を商業的に利用したり、学校図書館のロゴなどをクリップアートによって作成してはならない。

③私的録音・録画補償金制度
　かつては、音楽や映像などをメディアに記録する場合、アナログ形式であれば、オリジナルの著作物の質が複製によって劣化するため、あまり問題視されていなかった。また、私的に利用する場合も、権利者の権利を不当に侵害する範囲ではないと判断されていた。しかし、情報技術が進化し、著作物がディジタル形式で記録されるようになり、質の劣化が小さくなると、オリジナルの著作物の普及・販売を妨げる要因になると考えられ、権利者の保護のために補償金を徴収する制度が設けられた。
　私的録音・録画補償金制度は図27のように、ディジタル形式で著作物を記録したメディアや装置を製造したり輸入したりする事業者が、製品やサービスの代金に上乗せして補償金を回収することにより成り立っ

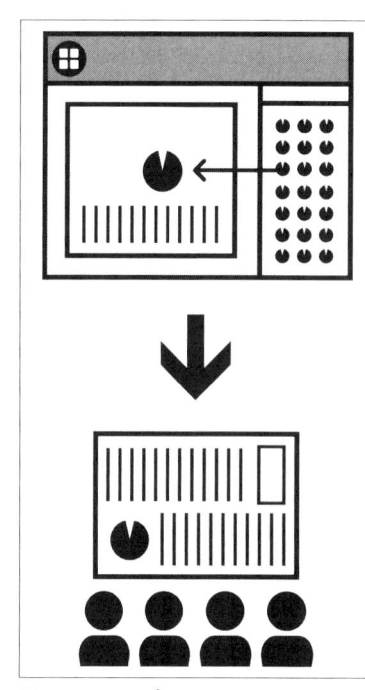

図26　クリップアートの利用 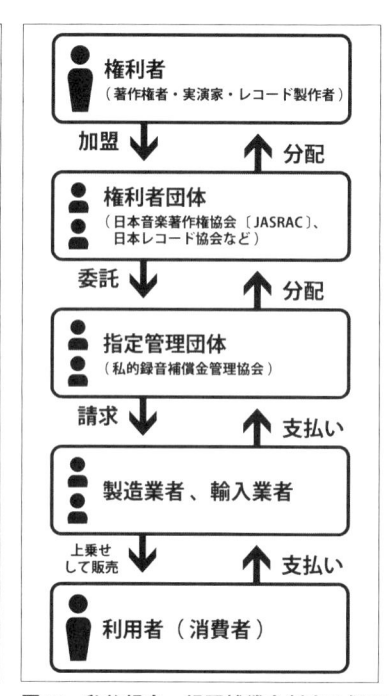　　図27　私的録音・録画補償金制度の概要

ている。

④著作権管理事業者

　小説や音楽などの著作物を適切に利用するためには、著作権者に許諾を得たうえで利用料を支払う必要があるが、広範囲に所在する著作物の利用者に対して、そのつど利用料を徴収することは現実的ではない。したがって、著作権者の信託を受けて著作権者のかわりに利用料を回収する事業者、すなわち著作権管理事業者が設立されている（図28）。

　著作権管理事業者は音楽や言語など著作物の種類によっていくつかの団体が組織されている。

　具体的には、表15のような事業者・団体がある。

⑤DRM（Digital Rights Management）

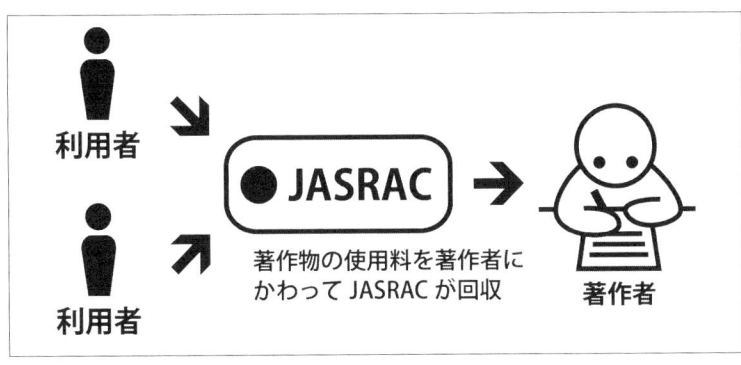

図28　著作権管理の関係

　これまで述べてきたように、情報社会で取り扱われる著作物の多くは、ディジタル化されて流通している。ディジタル化されることによって、保存性や搬送性が高くなる一方で、著作権の侵害などが深刻化している。
　ディジタル化された著作物を権利侵害から保護する技術としてDRM（Digital Rights Management）がある。DRMは、ディジタル化された著作物（コンテンツ）を利用したり複製したりする行為を制限するために、著作物が記録されたメディアやデータなどに著作権情報を組み込むことによって、適切に利用しようとするユーザだけに利用を許可する技術である。

⑥著作権侵害の対策
　著作権者が有している権利を侵害された場合、その行為の差し止めを要求したり、損害賠償を請求したりすることができる。したがって、自らの著作物が無断で利用されているのを見つけた場合、当事者に利用の差し止めを申し出たり、被害が深刻な場合は著作権情報センター（CRIC）の窓口などに相談したりするといい。ただし、著作権法違反は、権利を侵害された者が告訴をしてはじめて公訴ができる親告罪であるため、侵害された者が訴えなければ刑事訴訟にはならない。

⑦知識基盤社会に生きる人材育成を目指して
　豊富な情報が流通し、必要な情報が必要なときに簡単に手に入る時代

表15　著作権管理事業者・団体

	分類	URL
日本音楽著作権協会	音楽の著作物	http://www.jasrac.or.jp
日本文藝家協会	言語の著作物	http://www.bungeika.or.jp/
日本脚本家連盟	言語の著作物	http://www.writersguild.or.jp/wgj/
日本シナリオ作家協会	言語の著作物	http://www.j-writersguild.org/
日本複製権センター	・言語の著作物 ・美術の著作物 ・図形の著作物 ・写真の著作物 ・音楽の著作物 ・舞踊または無言劇の著作物 ・プログラムの著作物 ・編集著作物	http://www.jrrc.or.jp
知的所有権協会	・美術の著作物 ・図形の著作物 ・写真の著作物 ・言語の著作物	http://e-chiteki.com
日本レコード協会	・レコード ・言語の著作物	http://www.riaj.or.jp/
学術著作権協会	・言語の著作物 ・図形の著作物 ・写真の著作物 ・プログラムの著作物 ・編集著作物	http://www.jaacc.jp/
日本芸能実演家団体協議会	実演	http://www.geidankyo.or.jp/
日本美術家連盟	美術の著作物	http://www.jaa-iaa.or.jp/
美術著作権センター	美術の著作物	http://www.art-copyright.jp
教学図書協会	・言語の著作物 ・音楽の著作物 ・美術の著作物 ・図形の著作物 ・写真の著作物	http://www.kyogaku-tosho.jp/
アジア著作協会	音楽の著作物	http://www.asia-ca.com
美術著作権協会	美術の著作物	
私立大学情報教育協会	・言語の著作物 ・音楽の著作物 ・美術の著作物 ・図形の著作物 ・映画の著作物 ・写真の著作物 ・プログラムの著作物 ・編集著作物 ・データベースの著作物	http://www.juce.jp
日本出版著作権協会	・言語の著作物 ・写真の著作物 ・図形の著作物 ・美術の著作物	http://www.e-jpca.com

	分類	URL
出版物貸与権管理センター	・言語の著作物 ・美術の著作物 ・写真の著作物 ・図形の著作物	http://www.taiyoken.jp/index.html
日本写真家ユニオン	写真の著作物	http://pro-photo-union.jp/
出版者著作権管理機構	・言語の著作物 ・美術の著作物 ・図形の著作物 ・写真の著作物 ・編集著作物	http://jcopy.or.jp/
日本美術著作権機構	美術の著作物	http://www.apg.gr.jp/

(出典：http://www.bunka.go.jp/ejigyou/script/ipzenframe.asp)

になると、入手した情報を適切に評価し、それを自らの生活や仕事に生かす人材の育成が求められる。こうした人材を育てるためには、インターネット社会での「知的財産の制度を理解」し、順法意識を高めるだけでなく、必要としている「知的財産を適切に利用する」ための手続きを学ばせ、知的財産の円滑な利用を促進する態度を身につけさせる必要がある。さらに、知識を基盤に発展する社会を形成する人材を育成する視点として、「知的財産を創造する態度」の育成も重要である（図29）。

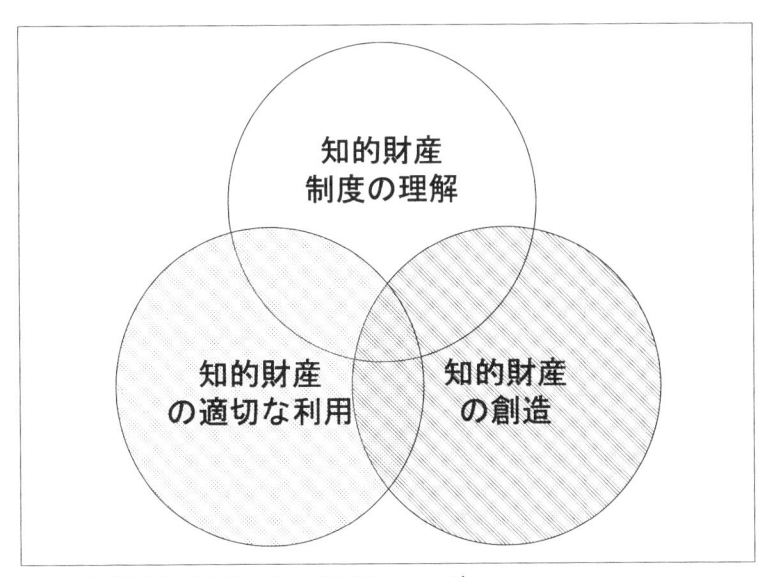

図29　知識基盤社会に生きる人材育成のイメージ

3-2　学校図書館での著作物の扱い

　著作権法では、学校(組織的・継続的教育活動を営む教育機関であって、営利を目的としないもの)での著作物の利用に関して、第35条で著作権の制限の規定が定められている。しかし、著作権の権利制限があるといっても教育のためであれば著作物を無制限に利用することができるわけではなく、この権利制限は、教育活動を円滑におこなうために特別に規定されていると考える必要がある。したがって、学校教育で他人の著作物を許諾を得ずに利用する場合は、教育という公益性が高い活動に従事しているという意識を常にもっていなければならない。

　学校教育での著作物の利用に関しては、表16のように、授業をおこなう者もしくは授業を受ける者が、学習指導要領で定められた学習の範囲で、著作権者の許諾を得ずに利用することができる。

表16　学校教育での権利制限

機関	文部科学省が教育機関として定めるところ、および準じるところ 例：幼稚園、保育所、小学校、中学校、高校、中等教育学校、大学、短期大学、高等専門学校、特別支援学校、各種専修学校 社会教育施設(上記教育機関と同等の年間教育計画を有するところ)
対象者	教育を担任する者(教育機関の「授業」を担任する教師、教授、講師など) 授業を受ける者(「授業」を担任する者の指導の下にあることを要する) 教育を担任する者の補助をする者で、印刷補助者やティーチングアシスタントなど教材作成の依頼を受けた者
内容	授業で必要な範囲(運動会や文化祭などの特別活動、校外学習などの教育計画に基づいておこなわれる課外指導を含む)
条件	著作権者の権利を不当に侵害しない範囲 公表された著作物 出所・出展の明示

(出典：日本書籍出版協会〔http://www.jbpa.or.jp/guideline/index.html〕を基に作成)

　学校図書館は学校の教育施設なので、著作権法第35条が適用される。
　そのため、学校図書館での書籍やさまざまなメディアを活用した学習指導は、原則的に著作物の教育機関での利用だと考えることになる。学校図書館での学習指導として、次のような場面が挙げられる。

①学習指導における教師の書籍や雑誌などの利用
②学習指導における教師の情報メディアの利用
③調べ学習における児童・生徒の書籍や雑誌などの利用
④調べ学習における児童・生徒の情報メディアの利用
⑤児童・生徒の学習の成果を校内で共有

　このうち、教師が授業の教材作成のために書籍や雑誌の文章や写真などを複写する場合は、著作権法第35条によって、著作者の権利を不当に侵害しない範囲で、著作権者の許諾を得ずに利用することができる。
　したがって、次のような行為は著作権者の許諾を得なくてもおこなうことができる。
①授業を担当する教諭や司書教諭、学校図書館の司書が教材として資料を複製する。
②授業を受ける児童や生徒が教材として資料を複製する。

　これらの場合、各教科の学習指導だけでなく、修学旅行や研修旅行のための資料の作成や文化祭や体育祭などの準備でも、学習指導に必要であるという合理的な理由がなければならない。
　なお、授業研究のための教材のウェブサイト掲載などは目的外利用ということで、著作権法に違反する行為になる。

図30　調べ学習のイメージ

著作権の権利制限は、著作権のうち財産権に関する部分の権利制限なので、著作者人格権を尊重し、著作権者の経済的な利益を不当に侵害しないことが求められる。この点では、次のような注意が必要である。
①修学旅行のしおりを作成するためにガイドブックの写真を大量に複製することは、ガイドブックの性質から判断して著作権を侵害する可能性を考えなければならない。
②文化祭で上演する劇を、時間の都合で原作の内容を書き換えたり、短くしたりする改変は、著作者人格権を侵害するため、控えなければならない。

　このほか、教科書には必要と認められる範囲で図や写真などを掲載することが認められているが、この場合、著作権者へ通知をしたうえで、一定の補償金を支払う必要がある。
　他方、視覚障害などによって既存の教科書を使用しにくい児童または生徒の学習のためであれば、教科書の文字や図形を拡大したり、そのほか必要な方式により複製することが可能である。
　同様の目的であれば変形、翻案もできるが、教科書の全部または相当部分を複製して拡大教科書などを作成する場合には、教科書発行者への通知・相談が必要となる。

3-2-1　引用の指導

　学校図書館では、児童・生徒に対してしばしば、著作物を引用しながら自己の表現をさせるよう指導する。その際に、著作権の考え方や制度の説明だけでなく、元の著作物を創造した人への敬意を払いながら、適切に自己の表現をまとめる力を身につけさせる配慮が必要である。
　具体的には、自己の表現のために他者の著作物の一部を複製することは、制度として「引用」と定められていることを指導し、下記の条件を提示する。
①すでに公表されている著作物であること。
②自己の表現と引用部分を明確に区別することができること。
　「　　」などで引用した部分を明確に区分する。

図31　**自由利用マーク**

③量的にも質的にも正当な範囲での引用であること。
④出典を明記すること。

　書籍や論文だけでなく、インターネットの文章なども、どのサイトを閲覧して得られた情報であるかを明示するために、URLを記載する必要がある。

3-2-2　自由利用マーク

　著作権者が、あらかじめ著作物の利用についての意思を明示し、円滑な著作物の利用を推進する制度が自由利用マークである。
　「プリントアウトやコピー、無料配布」だけの利用を認めるマーク（変更、改変、加工、切除、部分利用、要約、翻訳、変形、脚色、翻案などは含まれない。そのまま「プリントアウト」「コピー」「無料配布」をする場合に限られる）や「障害者が利用することを目的」とする場合に利用を認めるマーク、「学校の様々な活動で使うことを目的」とする場合に利用を認めるマークが制定されている。

3-2-3　学校運営のための著作権対応

　学校の校務などで著作物を作成した場合は、職務上の著作であるため、職務著作と呼ばれている。次の要件を満たす場合、創造された著作物は雇用主（学校の場合は設置母体）のものになる。

①著作物の創作が法人そのほかの使用者（法人など）の発意に基づいている。
②法人などの業務に従事する者が創作したものである。
③職務上著作物が創作されたものである。
④法人などが自己の名義の下に公表するものである。
⑤著作物の創作に際して、契約や勤務規則そのほかに別段の定めがないことのすべてを満たすこと。

　執筆活動や作詞・作曲活動など文化的な著作活動をする場合、勤務先との著作権に関するトラブルを未然に防止するためには、自身の権利を得られるか否かを調査したうえで作品などを公表する必要がある。
　学校図書館での職務著作の例として、「学校図書館通信」や学校図書館のウェブサイトなどは学校の業務として創作されたものであり、発行者や管理人として学校名もしくは学校長の名前が明記されている場合が多い。この場合は、その著作物は法人の発意に基づいて制作された職務著作と判断される。

3-2-4　児童・生徒の学習成果としての著作物

　学校では、日々の学習の成果として作文や絵、立体的な作品など、さまざまな著作物が創造されている。これらの学習成果物を教室の掲示板や校内の掲示スペース、校長室や応接室の壁などに掲示したり展示したりする場合も、厳密に判断すれば、著作権をもつ児童・生徒やその保護者の許諾を得ておこなう必要がある。しかし、膨大な著作物が日々生産される学校現場で、そのつど、著作物の利用や展示・掲示のための利用許諾を結ぶことは現実的でないので、入学時の学校説明会などで学校での著作物の扱いについての方針を説明し、保護者に理解を求めるようにする。

3-2-5　学校図書館と公共図書館の違い

　学校図書館とは、初等教育もしくは中等教育をおこなう学校に設置さ

れた図書館施設であり、学校教育をおこなううえで必要な資料やメディアを保管し、運用するために欠くことができないものである。学校図書館関係者は、学校での学習指導という使命を十分に意識しながら、さまざまな著作物を適切に利用することはもちろん、児童や生徒、そのほか学校関係者への指導や啓発も重要な役割であることを忘れてはならない。

また、近年進んでいる地域の図書館との連携や地域住民への学校図書館の開放などによって利用するうえで、学校教育に関する権利制限が適用されない場合が増えると考えられる。その場合は、政令で定める図書館としての、もしくは非営利活動での利用としての、適切な対応を促すことが重要である。

表17　学校図書館での資料の利用

学校図書館での児童・生徒の利用	学校図書館での地域住民の利用
授業で必要と判断される教材として資料の複製は許される	調査研究をおこなう住民（利用者）の求めに応じた資料の一部の複製は許される

3-3　学校図書館での産業財産の取り扱い方

知的財産には、著作物とならんで産業財産がある。産業財産は次のように大きく分類することができる。
①特許
②実用新案
③意匠
④商標

このなかで、特許や実用新案は発明に関する権利を保護するものであり、意匠は工業デザインに関する権利を、商標は商品やサービスの品質などを見分けるための文字列やマークを独占する権利を保護するものである。

特許は、自然法則を利用した技術的思想による創作のうち、高度のものを示し、実用新案は、物品の形状、構造または組み合わせで、特許ほ

ど高度でないものを示す。

　意匠は、物品のより美しい外観、より使い心地がいい外観を示す。その外観は、誰にでも識別することができ、容易に模倣することができるので、不当競争などが引き起こされることを防ぐ目的で保護される。同様に、経済的な混乱が起きるのを防ぐ目的で商標が保護されている。商標は、提供される製品やサービス（役務）の品質を保証する機能と広告の機能をもっていて、販売上の役割を果たしている。

　いずれも、日本の産業を発展させることを目的に、アイデアやデザイン、マークなどの独占を保障する権利である。著作権と産業財産権は、文化や産業の発展を目的にしている点では共通しているが、産業財産権は経済的な効果をより求める性質をもち、経済産業省特許庁に出願や登録をおこなうことにより、権利を得ることになっている。

　産業財産は、出願や登録についての公的な情報が管理されている。産業財産に関する情報は、工業所有権情報・研修館が提供する「特許電子図書館（IPDL）」（図32）などで検索することができる。

　学校教育のなかで身近な産業財産を利用する場面として、商業高校や工業高校、農業高校などで商標を検索したり、生徒が考案したりする学習が考えられる。また、工業高校や農業高校では特許や実用新案につながる研究開発に取り組む場面も想定されるので、実業高校では、産業財産に関する学習指導にも対応できるように準備しておくことが大切である。

　具体的な例として、「特許電子図書館（IPDL）」の初心者向け簡易検索（特許・実用新案）で「図書館」というキーワードを検索すると、図33のような検索結果が表示される。さらに「公開番号／登録番号」をクリックすると、具体的にどのような技術によって特許もしくは実用新案が取得されているかの詳細が表示される。

　産業財産も、著作権同様に保護期間などが定められている。このうち、商標に限って登録から10年で保護期間が終了するが、登録の更新をすることができる。

表18　産業財産権の保護期間

種別	保護期間	所管省庁
特許	出願から20年	経済産業省特許庁
実用新案	出願から10年	経済産業省特許庁
意匠	登録から20年	経済産業省特許庁
商標	登録から10年（更新あり）	経済産業省特許庁

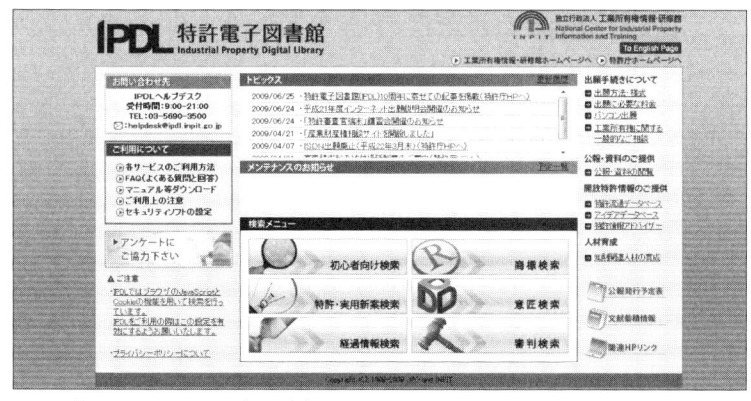

図32 「特許電子図書館（IPDL）」

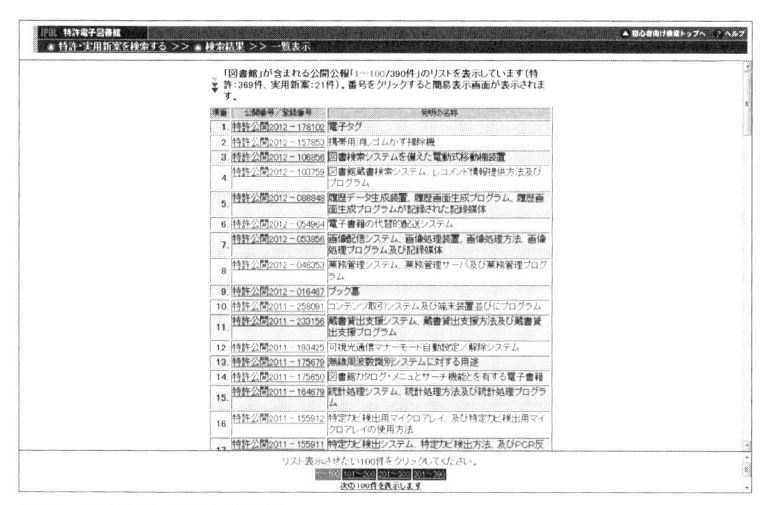

図33 検索結果の表示の実例

3-3-1 ソフトウェアに関する知的財産

　コンピュータなどで使用されるソフトウェアは、プログラムのアルゴリズムは特許や実用新案として、プログラムによってアウトプットされた表現は著作物として扱われている。多くのプログラムはコンピュータなどの機器によって動作するものであり、ソフトウェアを創造する際の

アイデアの多くは著作物として扱われる。例えば、表計算ソフトウェアでプログラムによって自動計算するシステムを制作した場合、著作権が発生することになる。また、ソフトウェアの利用に対する許諾を得たことをライセンスと呼び、最近のソフトウェアは、契約によって複数のコンピュータにインストールできるようなライセンスを発行している場合がある。

ソフトウェアに関しては、購入者などライセンスを正しく所有している者は、システムのバックアップのために複製することが認められている。近年販売されているパソコンのなかには、DVDなどのメディアでリカバリー（工場出荷状態にパソコンを戻す行為）をするためのデータが提供されておらず、購入者が使用当初にリカバリーデータのバックアップをとっておくことが強く求められる場合も多い。これは、正式な購入者による、ソフトウェアなどの保全のための複製の範囲だと判断できる。

3-4 ケーススタディ

Q：郷土史の授業で学校図書館の資料を使い、調べ学習をおこなった。調べた結果を発表する際に、教師の指導の下に児童が資料の写真をコピーして壁新聞を制作した。問題はないか？

A：壁新聞を制作することは、授業の重要な学習内容であり、著作権法第35条により、著作者の許諾を得なくてもコピー（複写）をしていい場合と判断することができる。しかし、学習を進めるうえで必要だと判断できる範囲を超えて、むやみにコピーをする行為は避けなければならない。また、著作者人格権は保護されるため、著者名を勝手に変更したり、著者の意図に反する内容の改変は認められない。

Q：夏休みの自由研究のために、学校図書館に所蔵されている図鑑のイラストをコピーしてレポートを作成した。さらに、そのレポートを基に、校内からだけアクセスできるウェブページを作成した。注意すべき点は？

A：夏休みの自由研究は学校教育の教育活動の一環であり、図鑑のイラストをコピーしてレポートにまとめる行為も学校教育での利用として適切である。しかし、図鑑のイラストを引用した場合、出典などを明記することが望ましい。なお、校内からしかアクセスできないとはいえ、そのレポートを基にウェブページを作成することは、イラストの著作権者の公衆送信権を侵害することになってしまう。

Q：研究授業のために他人の著作物を利用して作成したプリントをウェブサイトで公開してもいいか？

A：研究授業のために作成したプリントを学習者に配布する行為は認められる。しかし、授業を受ける者以外への配布は現行の著作権法では認められていない。したがって、適切に著作物を利用できる範囲（自ら著作権を有するイラストを用いたり、著作物の利用契約を結んだイラストを利用したりすること）で教材を作成するのが望ましいと考えられる。
　［参考］マイクロソフト社の製品などで、クリップアートなどの挿絵用のイラストを用いた学習プリントや「学校図書館通信」などは、ソフトウェアの利用許諾契約に基づき、ウェブサイトなどで公開することができる。

Q：校外学習に参加する幼稚園児のために、中学生が著作物を用いて絵本を制作してもいいか？

A：どこで学校教育に基づく学習指導がおこなわれているかという場所的な判断ではなく、誰がどのように利用するかで判断する必要がある。この場合は、学校教育での学習指導の一環としての授業での、学習者の複製だと判断できる。著作権者の権利を不当に侵害しない場合に限り、許諾を得ずに利用できるケースである。
　［参考］高等学校などで、中学生を対象に授業公開などをする場合は、著作権法第35条の著作権の制限に該当しない。したがって、他人の著作物を利用する場合は、利用許諾を得なければならない。

Q：社会科の授業で、県別の特産品の取り扱い量を比較するために、白地図を複製して利用してもいいか？

A：白地図には、出版社が児童・生徒一人ひとりに購入してもらう意図をもって発行しているものがある。特に、学習を円滑におこなうために表現を工夫した教材は、勝手に複製することはできない。

Q：理科の授業のために、テレビで放送されたドキュメンタリー番組を録画して、学校図書館のライブラリに追加しても問題ないか？

A：授業で教材として利用することを目的に、授業者や学習者がテレビ番組を録画することは許される。しかし、将来利用する可能性があるからという理由だけで、授業を担当する者以外が録画する行為は、目的外利用になってしまう。
　［参考］インターネットで教材用の動画を提供しているサイトが増えているが、サイトによってダウンロードを認めたり、再配布を認めなかったり、利用にあたっての規則が定められているため、慎重に判断して利用する必要がある。
　さらに、動画投稿サイトなど、不特定多数の者が動画をアップロードできるサイトには、違法に複製された動画や著作権法に違反する動画なども数多く存在する。違法にアップロードされた動画だと知りながらダウンロードする行為は、2年以下の懲役または200万円以下の罰金が科せられるので、特に慎重に行動する必要がある。

Q：PTAが主催する研修会で、著名な作家の文章を利用した研修資料を参加者に配布できるか？

A：PTAの研修会などは学校教育の範疇での利用ではないので、著作物を利用する場合には著作権者に利用許諾を得るか、引用として著作物の一部を適切に利用する必要がある。また、参加費などを徴収しない場合は、非営利活動での利用としてすでに公表されている著作物を上映したり、演奏したり、口述したりすることができる。

［参考］PTAなどの活動で創作される報告書や成果物などの著作物は共同著作物になる。後日、著作権に関するトラブルに発展するのを防止するために、著作権が学校やPTAの組織などに帰属することを明記したり、契約を交わしておくことが考えられる。

Q：児童・生徒に宿題を出すことを目的に書籍の一部をコピーし、配布した。しかし、授業内ではまったく利用しなかった。問題はないか？

A：授業のために指導者が著作物を複製することは、許される行為である。授業で利用しなくても、授業の延長線上にある「学習の過程」のなかで宿題として著作物を複製する場合も、認められる行為である。ただしこの場合は、授業の一環としての宿題の位置づけを明確にしておく必要がある。

Q：宿題として有名な絵画を模写し、提出させた。さらに、その提出された作品を校内に貼り出したが、問題はないか？

A：絵画の模写も著作物の複製にあたるため、学習の過程で教材としての範囲で複製が認められる。校内での展示は、展示権を侵害するので原則的に認められないが、元になる絵画の著作権が消滅している場合や著作物の利用許諾を得ている場合には掲示することができる。
　［参考］学校教育のなかで教材として利用する著作物のなかには、著作権の保護期間が終了しているものがある。しかし、制作されてまもない著作物も数多く含まれているので、両者を混同せず、著作権の保護対象であるか否かを判断しながら利用する心がけが必要である。

Q：運動会でのBGMに合わせて演舞したダンスの様子を撮影した。評判がよかったので、保護者の求めに応じてDVDに複製して希望者に配布した。問題はないか？

A：運動会では、演技や競技に合わせてBGMがかけられる場合が多い。この場合は学習の過程での著作物の利用であるので、許諾を得る必要は

ない。また、その演技を動画として保護者が撮影する行為も、私的利用の範囲として認められる。しかし、ほかの保護者のためにDVDとして複製する行為は、BGMの複製権を侵害することになるので認められない。

Q：市民講座の際、資料用に参加者の顔がわかる写真を撮った。これを、当日の様子を紹介するためにウェブサイトに載せてもいいか？

A：市民講座の主催者として、記録をとる目的で写真を撮影する行為は特に問題はない。しかし後日、公開する資料に掲載する場合には、写真に写った人の肖像権に配慮する必要がある。肖像権に配慮をして撮影した写真は、著作権が自分にあるので、ウェブページでの公開なども可能である。ただし、市民講座の講師や参加者に有名人がいる場合は、その人のパブリシティ権の主張が認められる可能性があるため、ウェブページへの掲載について、本人の許諾を合わせてとっておく必要がある。
　［参考］情報社会のなかでは、著作権のほかに肖像権やパブリシティ権に配慮して著作物を扱う必要がある。肖像権は無断で自身の肖像を公開されない権利で、さらに、有名人の肖像には経済的な利益をもたらすパブリシティ権があると考えられている。

Q：学校のキャラクタを独自に考え、学校名とともに自分のウェブサイトに掲載した。さらに、コンテストにも応募することはできるか？

A：独自にキャラクタを考案して利用する場合は、ウェブページへの公開もコンテストへの応募も自由におこなうことができる。ただし、キャラクタの類似性には十分に注意し、児童・生徒が考案する場合には適切な指導が必要である。
　［参考］キャラクタの類似性に関する裁判は数多くおこなわれていて、色遣いや形状、モチーフなど「表現の工夫の部分で複数の共通点が見られる」場合は、類似性が高いと判断される事例が多い。

Q：「図書館通信」を作成する際に、新しく購入した書籍の表紙の画像

を貼り付けて紹介してもいいか？

A：書籍の表紙も著作物である。書籍の装丁をしたデザイナーや編集者の著作物であり、該当者の許諾を得て掲載する必要がある。多くの場合、出版社に問い合わせて許諾を得ることで、スムーズに作業を進めることができる。なお、書評などを執筆する場合は、引用の範疇であれば本文の内容を記載してもいいが、新聞などの書評をそのまま記載する行為は新聞記事（書評）の著作権侵害になる。

3-5 まとめ

本章では、日本の知的財産制度について解説した。特に図書館は著作権法第31条によって著作物の取り扱いが定められている。また、学校図書館は著作権法第35条によって取り扱いが定められている。

情報社会ではディジタル化された知的財産が扱われるため、自分の権利を主張するだけでなく、他者に敬意を払い、互いの権利を守る態度の育成が重要である。

第4章

図書館での
情報モラルの指導実務

4-1　情報社会における図書館の学習指導

　従来の図書館での学習指導は、生涯学習の視点から資料を陳列し、貸出をすることが中心であり、個人が自ら学ぶことを支援するのが主な業務だった。また、読書スペースとしての期待が高くなる傾向にあった。

　同様に、学校図書館での学習指導の役割は、授業に関わる資料を収集し、管理することが主な業務だった。

　しかし、情報社会における図書館には、下記のメディアを統合しながら利用する学習を支援したり、学習指導を主体的におこなうことが求められている。

①情報社会でのメディア
・印刷メディア
・視聴覚メディア
・パッケージメディア
・ネットワークメディア

　印刷メディアや視聴覚メディアを適切に活用するだけでなく、パッケージメディアも、ライセンス（第3章で説明）をよく理解したうえで適切に利用する必要がある。また、ネットワークメディアは、ウェブページだけでなく、ブログやSNSなどのコミュニケーションツールであることも踏まえて、さまざまなインターネットサービスの特徴を理解したうえで利用を進めるのが望ましい。

　現在の学校図書館には学習指導だけでなく、さまざまな体験を通した学習、あるいは発明コンテストや発明クラブなどといった創造的な活動を通した子どもや地域住民に対する学習支援が求められている。

　図書館として学習指導をおこなう際に適用できると考えられる学習指導モデルは、図34で示すように、「学習」と「体験」「創造」を支援し、主体的に学習活動に関与するものである。

　図書館で求められる「体験」とは、課題を解決しながら学習活動を進めることである。また「創造」は、アイデアなどを形にする創造的な学習活動であり、座学形式の学習スタイルから、ワークショップ形式の学習スタイルへの転換が必要となる。

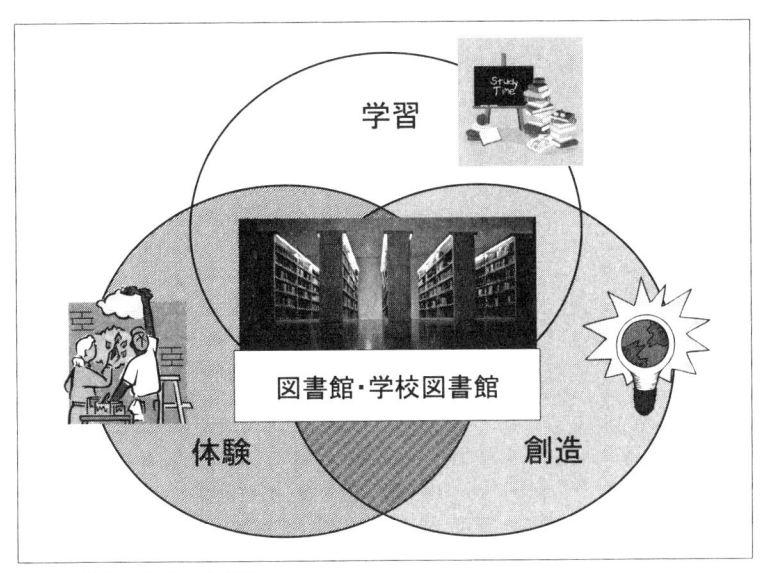

図34　学習スタイルの転換
図書館は、学習・体験・創造の活動場面で、メディアセンターとしての役割が大きくなる。

　図書館や学校図書館での学習指導モデルとして、次のようなものが挙げられる。
①調査型（書籍中心・情報メディア中心）
②問題解決型
③仮説検証型
④フィールドワーク型
⑤座学・演習型

　このようなモデルは、すでに多くの社会教育施設で実施されているが、図書館や学校図書館には、このなかの調査型や問題解決型の学習で正確で豊富な情報を提供し、学習を支援する役割が期待されている。
　また、学習環境提供の視点からは、学習者主体の学びの場を充実させる必要があり、自律的な学びを促すことによって、知識だけでなく、人格形成や社会的な素養の獲得を本格的に支援することが求められている。
　学習者主体の学びの場として、大学附属図書館をはじめとしたラーニ

ングコモンズの取り組みが広がっていて、さまざまな学習メディアを用意した学び合いの環境を整備することによって、協働学習や協調学習の場としての図書館の役割が期待されている。

　学校図書館の場合、協働学習の対象は、同じクラスの児童・生徒だけではない。学年などを超えたつながりや、他校や異なる校種の児童・生徒間のコミュニケーションを図る場合も想定できる。

　その際、次のようなインターネットのメディアの活用が想定される。
①ウェブページ（掲示板などを含む）
②SNSや文字チャット
③グループウェア
④電子メール
⑤動画配信サイトや動画チャット

　これらのインターネットメディアを児童・生徒が利用して学習を進める際に、司書や司書教諭には、学習指導や学習支援をする立場から、メディアの特徴を十分に理解したうえで使い方の説明を的確におこなうことが求められる。

　特に、掲示板やSNSなどのインタラクティブ（双方向）メディアを利用した場合、学校内でのトラブルだけでなく、地域を巻き込んだ社会問題に発展することもあるので、取り扱いに十分に配慮をしながら、児童・生徒の活動を見守る必要がある。

　それぞれのインターネットメディアの特徴は表19のとおりである。

　また、インターネットメディアを利用した学習の際に、図書館や学校図書館で起こりうるトラブルなども考慮しながら、計画を立てる必要がある。

①図書館や学校内で起こりうるトラブル例
・情報検索を通した学習の際に、児童の同姓同名の人を見つけてからかったことにより、けんかに発展する。
・掲示板にほかの生徒の個人情報を書き込んでネットいじめに発展する。
・クラスのSNSなどで、特定の児童・生徒を仲間はずれにする。
・文字チャットで遊んでいた児童・生徒が見知らぬ大人に誘い出されて

表19　インターネットメディアの特徴

	特徴
ウェブページ	ある程度の知識と技術があれば、誰でも制作することができて、情報発信をすることができる。インターネットのさまざまな基盤となる技術である
SNSや文字チャット	個人や組織にアカウントが1つ与えられ、情報発信をしたり情報共有をしたりすることができる。インターネットでも速報性が高いメディアの1つである 本名や公式アカウントなどで参加するため、プライバシーや情報共有の程度を慎重に判断しながら参加することが求められる
グループウェア	特定のグループ内でメッセージやスケジュール・ファイルなどの共有をすることができる
電子メール	特定の相手に対してメッセージを送ることができる。複数のユーザに同時配信することができるメーリングリストを設定することができる。メールアドレスとなるメールアカウントは、学校や会社など所属する組織から付与されるものや、プロバイダなど通信会社と契約して得られるものがあり、無料で取得することができるアカウントもある
動画配信サイトや動画チャット	動画をアップロードして公開したり、共有したりすることができる

犯罪行為に巻き込まれた。
・守秘義務があったり公開を望まない情報を無断でインターネットに発信してしまった。
・クラスメートがいやがる内容のチェーンメールが出回ってしまった。
・著作権を侵害した動画がアップロードされているのを見つけた利用者が、パソコンにデータをダウンロードした。

　いずれの場合も、どこに設置してある誰のパソコンで操作されたことによるトラブルかで、個人や学校、図書館での責任の所在に差異があるが、情報モラル教育の観点からは、こうしたトラブルが起こらない環境を整える必要がある。

4-2　ウェブページ制作による情報発信

4-2-1　ウェブの基本

　図書館では、利用促進のための広報、予約や貸出延長などのサービスを受け付ける場合に、ウェブページを利用するのが一般的になっている。

また学校図書館では、利用促進のための広報だけでなく、学習成果をまとめて発表する場合もある。ウェブページを用いた情報の発信では、児童・生徒が意欲的に取り組める一方で、制作時に以下のような指導が必要になる。

　なお、ホームページやHPと略して表現されることもあるが、ホームページとはブラウザを立ち上げていちばん最初に表示されるページを指すので、インターネットでさまざまなページを閲覧する場合は、ウェブページと称するのが正確な表現になる。

4-2-2　ウェブページ作成の基本

　ウェブページは基本的にHTMLとスタイルシートを組み合わせて制作されていて、画像ファイルや動画ファイルを読み込んで表示する仕組みになっている。ウェブページにリンク機能を組み込むことにより、違うページへのジャンプ（移動）などが容易になる。さらに、動画を再生したり、新しいファイル形式に対応できるように機能を拡張するアドオン（プラグインとも呼ぶ）を追加することにより、さまざまな表現が可能になる（図35）。

　しかし、時代とともに開発されてきたスタイルシートやアドオンなどは、対応可能なブラウザと未対応のブラウザなどがあるため、必要な情報が表示されなかったり再生されないという問題もある。

4-2-3　ウェブページ制作時の注意ポイント

　ウェブページを制作する場合には、制作者の思いや考えを的確に伝えるために、いくつか配慮すべきポイントがある。
①ファイル容量を小さくする
②ユニバーサルデザイン
・アクセサビリティ
・情報の受信者の立場にたった情報発信
③個人情報の保護
④プライバシー

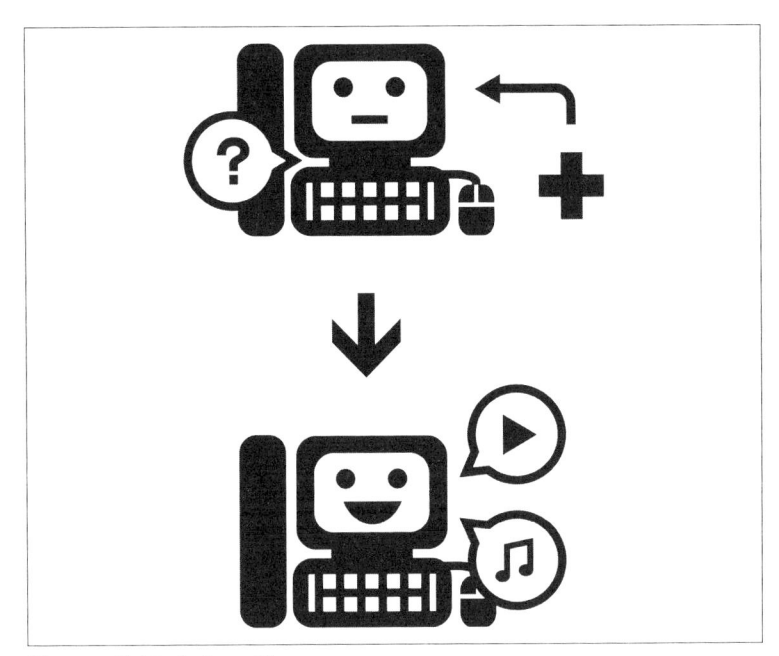

図35　アドオンのイメージ

⑤知的財産

　こうした点を無視して無責任な情報発信をおこなうと、それによって混乱や誤解が生じ、大きな問題に発展しうるので、情報発信する責任を考慮した姿勢が求められる。

4-2-4　情報発信する責任

　学校図書館として情報発信する場合には、司書個人のブログや児童・生徒の委員会通信なども公式なものとして読まれる可能性がある。ブログやSNSなどを用いての情報発信は、利用促進や成果発表などをするうえで非常に手軽で有効な手段だが、発信する情報の中立性や公平性に注意しながら、公益性の高い情報を発信する責任があることを認識しておく必要がある。

①魅力ある高品質な内容
- 情報発信者
  伝えるべき情報の価値を高める
- 情報受信者
  受信者のニーズや関心
- 最適な情報量
- 最適な表現
- 最適なメディアの選択

4-2-5 ユニバーサルデザイン

　ユニバーサルデザイン（Universal Design）とは、年齢、性別、国籍（言語）や能力などに関係なく、誰もが利用しやすい製品、建物、環境を計画的にデザインすることであり、ロナルド・メイスが提唱した「ユニバーサルデザインの7原則」は次のとおりである。

①ユニバーサルデザインの7原則
- どんな人でも公平に使えること
- 使ううえで自由度が高いこと
- 使い方が簡単で、すぐにわかること
- 必要な情報がすぐにわかること
- うっかりミスが危険につながらないこと
- 体への負担がないこと（弱い力でも使えること）
- 接近や利用するための十分な大きさと空間を確保すること

　それ以前に提唱されていたバリアフリーデザインとユニバーサルデザインとの違いは、表20のとおりである。

表20　バリアフリーデザインとユニバーサルデザインの違い

バリアフリーデザイン	ユニバーサルデザイン
特別な人のための特別なデザイン 例：車椅子用に別の入り口を作る。専用のリフトを設置する。別のトイレを作る	みんなのための普通のデザイン 例：車椅子でも楽に入れる広い入り口を作る。バスの床を低くし、車椅子でもベビーカーでもそのまま入れるようにする。普通のトイレの間口を広くして、車椅子でも入れるようにする

情報を発信したり、加工したりするときに重要なユニバーサルデザインとして、ピクトグラムが挙げられる。ピクトグラムは簡潔な絵で表す視覚記号であり、図書館などの多くの人が利用する公共施設でサインとしてよく用いられている。

ピクトグラムは、その図形が意味していることを明快かつ的確に表すことが重要だが、同時に美感を満たすことも求められる。また、関連するピクトグラムを体系化し、連続して設置することにより、効果的に情報を発信し、利用者に適切に情報を伝達することが可能になる。さらに図形だけでなく、念のために言語などを併せて表記することにより、図形を理解するのが困難だった場合にも、情報伝達の漏れを軽減することができる。

ピクトグラムは図形だけでなく、色による意味づけもされていて、次のような意味を表す。また、丸に左上から右下にかけて斜線を加えることにより、なかに描かれた図形が意味することを禁止する表現にもなる。
・赤：危険
・黄：注意
・緑：安全
・青：指示

このほか、アクセシビリティ（Accessibility, access+ability）という考え方もある。

図36　体系化してピクトグラムが設置された例（羽田空港ターミナル）

図37　ピクトグラム

①アクセスのしやすさ
・高齢者や障害者など、ハンディがある人だけでなく多くの利用者に受け入れられるかどうかの目安
②異なる環境への配慮
・新たな利用者
・新入生や保護者
③さまざまな受信者
・特別な支援を必要とする児童・生徒
・留学生など海外からの訪問者
・一般市民

　ウェブページを制作するうえで配慮するべきアクセシビリティは、次の考え方に基づいて確認する必要がある。
①ウェブページ内の情報を誰もが入手できること
・視覚障害
　音声ブラウザなど、文字を音声化するシステムによる支援
②あらゆる人が情報を共有できること
③チェックリスト
・画像に対する代替テキスト
・色だけに依存しない
・新しい技術を利用した場合は代替手段を考える

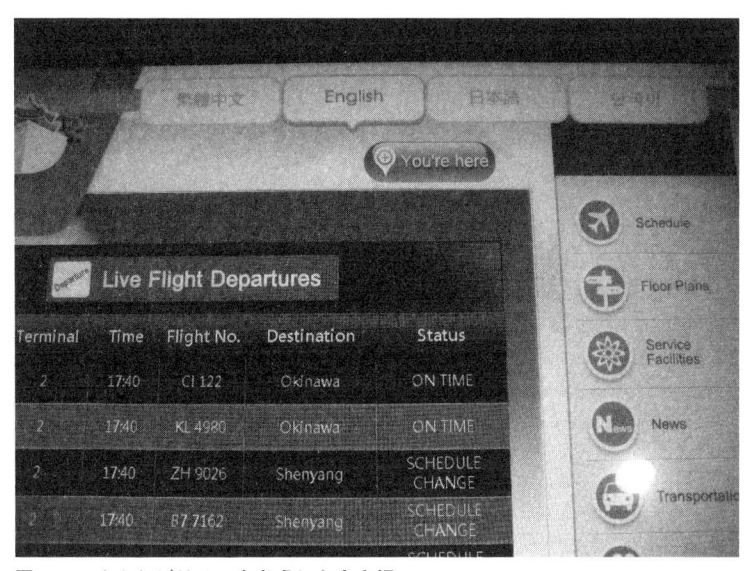

図38 アクセシビリティを考慮した案内板
日本語だけでなく、英語、中国語、ハングルに対応し、外国人への情報提供に対応ができている案内板である。

④チェックリスト（考え方）
- もしかして……
  小さい画面のコンピュータかも
  マウスやキーボードがないコンピュータかも
  言語がわからないかも

　また、図書館での情報システムやサービスの提供では、サービスを向上させるうえでユーザビリティ（Usability）という考え方も重要な要素である。ユーザビリティはモノの使いやすさの指標であり、次の観点から確認することができる。
①学習のしやすさ
②記憶しやすさ
③障害発生率の低さと障害からの復帰のしやすさ

　以上のことを踏まえて、図書館などのウェブサイトでは次のような点

を考慮する必要がある。
①使い方の自由度が高い。
②使い方が簡単ですぐわかる。
③必要な情報がすぐ理解できる。

　参考までに、ウェブページを制作する際のチェックリストとして「全国学校図書館協議会ホームページ評価基準」がある。

1．トップページについて
　　1．内容が分かりやすいタイトルを付けているか。
　　2．案内（サイトマップ）が充実しているか。
　　3．不適切な宣伝・広告がないか。
　　4．目的が明確であるか。
　　5．利用する対象者を想定しているか。
　　6．情報の量は適切か。
　　7．最終更新日を明記しているか。

2．制作者
　　1．制作者名（個人名または団体名）を明記しているか。
　　2．制作者のプロフィール（専門分野、歴史、性格等）を明記しているか。
　　3．制作者の連絡先（メールのアドレス等）を明記しているか。
　　4．著作権者名を明記しているか。

3．ホームページの内容
　　1．内容は教育活動に必要なものであるか。
　　2．内容は信頼できるものであるか。
　　3．定期的に更新しているか。
　　4．更新した日付を明記しているか。
　　5．更新履歴、新着情報を表示しているか。
　　6．準備中のページを置く場合、その分量や期間は適切である

か。
7．資料の新旧、情報の根拠・典拠・出典等を明記しているか。
8．参考になるホームページへのリンクがあるか。
9．有効なリンク集があるか。
10．リンクは、リンク先の内容が分かるようになっているか。
11．リンク切れ、画像不表示がないか。
12．誤字、脱字、スペル、文法の誤りがないか。
13．字の大きさや色彩等が分かりやすいか。
14．ことば遣い、表記、表現が児童生徒に即しているか。
15．必要に応じて、漢字に読み仮名をつけているか。
16．児童生徒の発達段階に即しているか。
17．個人情報やプライバシーを侵すものを含んでいないか。
18．有害情報を含んでいないか。
19．人権に配慮しているか。
20．不適切な表現がないか。
21．ページが不必要に長くなっていないか。
22．どのページからもトップページに戻れるか。
23．現在のページがどの場所（階層）にあるか分かるようになっているか。

4．操作性
1．内容を見るのに必要な信頼できるソフトが容易にダウンロードできるか。
2．「サイト内検索エンジン」があり、かつ使用しやすいか。
3．アイコンの説明をポップアップで表示するか。
4．必要な情報を迷わずに見つけ出せるか。

5．デザイン
1．必要な情報が過不足なくあり、かつ親しみやすいか。
2．デザインが美的で、親しみやすいか。
3．フォントサイズ、配色、図・絵等が美的で、バランスがとれているか。

    4．写真、図、動画等を適切に使用しているか。
    5．複数のブラウザに対応したデザインになっているか。
    6．見出し、目次等を適切に使用しているか。
    7．デザインにバリアフリーを配慮しているか。
    8．サウンドを適切に使用しているか。

  6．セキュリティ
    1．制作者に情報を安全に伝えられるか。
    2．制作者に伝える情報の使用目的を明記しているか。
    3．個人情報を不必要に要求していないか。

（出典：「全国学校図書館協議会ホームページ評価基準」2005年4月1日）

4-3　情報検索と学習指導

4-3-1　図書館での情報検索

　図書館での学習指導の場面では、図書館メディアを利用した情報検索や得られた情報を分析する。
①情報検索を実行した際の評価の方法
　インターネットによる情報検索として、表21のような検索エンジン（インターネット上の情報を検索するシステム）を用いることができる。

表21　検索エンジンの例

「Baidu」	百度（中国）が提供する検索エンジン
「Bing」	マイクロソフトが提供する検索エンジン
「goo」	NTTレゾナントが提供する検索エンジン
「Google」	Googleが提供する検索エンジン
「Yahoo!」	Yahoo!が提供する検索エンジン。多くの国に独自の言語サービスが展開されている

　主な検索エンジンは、従来はカテゴリ型とロボット型に分類することができたが、近年の検索エンジンはカテゴリ型とロボット型を組み合わ

せたハイブリット型に進化していて、さらに検索精度を高めるためのさまざまな技術が組み込まれている。

4-3-2 検索した情報を評価する方法

　検索エンジンなどを用いて探し出した情報を評価することは、情報社会のなかで自主的に学習するうえで非常に重要である。
　膨大な数量から探し出した情報を評価する場合、次のような情報に注意をする必要がある。
①個人の思い込みによって発信された情報
②ウェブページに掲載することにより、特定の個人や組織を注目させたり、おとしいれたりしようとする情報
③間違った情報を基に、再構築された情報

　これらの情報を正しく評価するためには、次のような視点で確認する必要がある。
①独立した複数の情報源に基づいた事実で構成されている。
②公的機関や社会的に信頼されている組織や個人が発信した情報である。

　インターネット上で質問し回答しあうサイトであるナレッジコミュニティも多用されているが、その事柄に詳しい人の回答が得られる一方で、回答者の立場や知識・価値観に依存するために、回答の質は玉石混交である。
①ナレッジコミュニティの例
　「Yahoo!知恵袋」
　「OKWave」
　「Hatena」(「人力検索はてな」)

4-3-3　メディアリテラシー

　情報を受け取る際には、取捨選択しながら自らの学習などに必要な情報にまとめ、さらに自身の知恵を深めるために、伝わってきた情報を正

しく読み解く能力が必要である。つまり、情報をフィルタリングする能力ともいえる、メディアリテラシーを身につける必要がある。

メディアリテラシーとは、
①メディア（Media）＝媒体、手段、マスコミュニケーションの媒体、情報を伝えるときに情報を運ぶもの
②リテラシー（Literacy）＝読み書きする能力、識字、ある分野に関する知識、能力

を合わせたものと解釈することができる。

また、このときの情報とメディアの関係は、
①情報とは＝意味をもつ事柄
②メディアとは＝「情報」を運んだり記録したりする媒体
ということである。

「情報」には、複写（コピー）して移動させることが容易だという特徴があり、「メディア」には、そのものが移動する（コピーは難しい）という特徴がある。

情報を「ある」メディアを使って伝達する場合、情報はメディアに適した形式に変形される可能性がある（自然になる場合も故意の場合もある）。そのため、受信者が伝達前と違った意味で理解し、誤解することもありうる。したがって、私たちは「メディアの特性を考慮して伝達前の情報を読み解く力」や「本当の意味内容を正しく理解できる力」といったメディアリテラシーを身につけてはじめて、真に情報社会で生きていくための力を得たといえる。

新聞やテレビでも、事実に基づいて報道されていないことがある。記者が事件に関わることを誤認したまま無関係の人を犯人として伝えたり、故意に誇張して問題ある行為であるように編集したりすることもあり、結果的に、報道によって異なる真実が作り上げられてしまうことがある。

その背景として、新聞の読者やテレビの視聴者の関心を引くためにセンセーショナルなタイトルや見出しをつけたり、内容を刺激的なものにしていることが挙げられる。

センセーショナルな見出しの例

```
○○と○○が極秘デートか!?
↓
その日の夜のバラエティ番組の企画に視聴者を誘導する見出し

このあと、噂の○○が登場!?
↓
話題になっている人の友達が登場
```

　以上のように、視聴者の関心を高めさせ、注目させる演出が、テレビ番組とインターネット上でのニュース配信を連動させておこなわれている。

　したがって、インターネットを利用した情報検索では、利用者の興味・関心だけで結論を導き出さないように指導することが大切である。

　また、記事の内容と表現方法、さらには画面に表示される広告などの関連についても理解したうえで利用する必要がある。

　例えば、メディアの特性を利用した表現方法に「ここをクリック」や「○○を検索」などと表示されるインターネット広告がある。これらは、インターネットの特徴であるリンク機能や検索機能を活用した広告の事例である。

　また、音だけでメッセージを伝えるラジオでは、炭酸飲料の泡がはじける音を強調した広告などもある。

4-3-4　インターネット広告

　ウェブページを検索したり、閲覧したりする学習を進めるうえで、必ず目にするのがウェブページに自動的に表示される広告である。ウェブページや検索結果など、膨大な情報の内容とマッチした広告を表示することは、コンピュータを利用する技術では容易なことである。

　インターネットでの広告表示は、検索連動型広告もしくはコンテンツ連動型広告と呼ばれ、次の特徴がある。

①検索連動型広告

　検索サイトで入力されたキーワードに反応して、関係する内容の広告が表示される。

②コンテンツ連動型広告

　ウェブページ内の文章や画像ファイル名などを自動解析して配信される広告。

　コンテンツと関連性の高い広告が配信される。

　また、ステルスマーケティング（ステマ）と呼ばれる行為、すなわち、ウェブページを閲覧した人に対して潜在的に消費行動を促す行為が横行したため、社会問題になったこともある。

4-3-5　表現される情報と基になるデータ

　パソコンを用いると、さまざまなデータを情報に加工し、発信したり、表現したりすることができる。その際、データと情報の関係、また情報を表現する方法を工夫すると、受け取る情報の印象が異なってくる場合がある。情報社会では簡単に情報を表現できるため、意図しなくても誤った情報を発信してしまう恐れがある。そこで、情報の受発信の際にも、メディアリテラシーの観点から慎重に行動しなければならない。

　データと情報の関係は次のとおりである。

①データ

　事実や現象を数値や文字、記号で表したもの

　　例：気温、降水量……

②情報

　データを基に、目的に応じて整理したもの

　　例：気温のグラフ、年間降水量の平均値……

4-3-6　グラフ化された情報

　さらに、図40に示すように情報をグラフ化することにより、視覚的

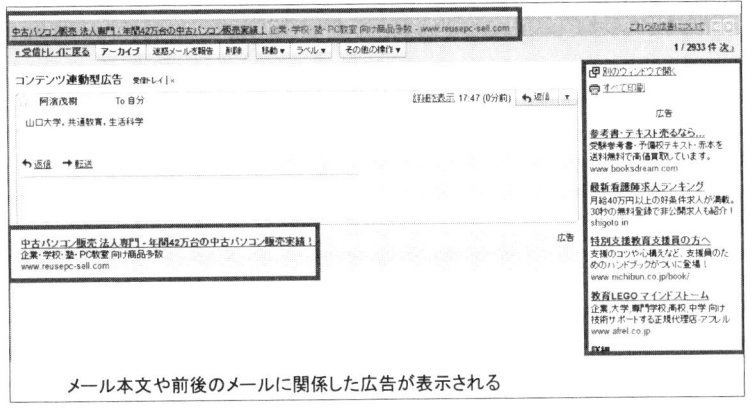

図39　コンテンツ連動型広告の例

高校生のインターネット利用目的（人数）

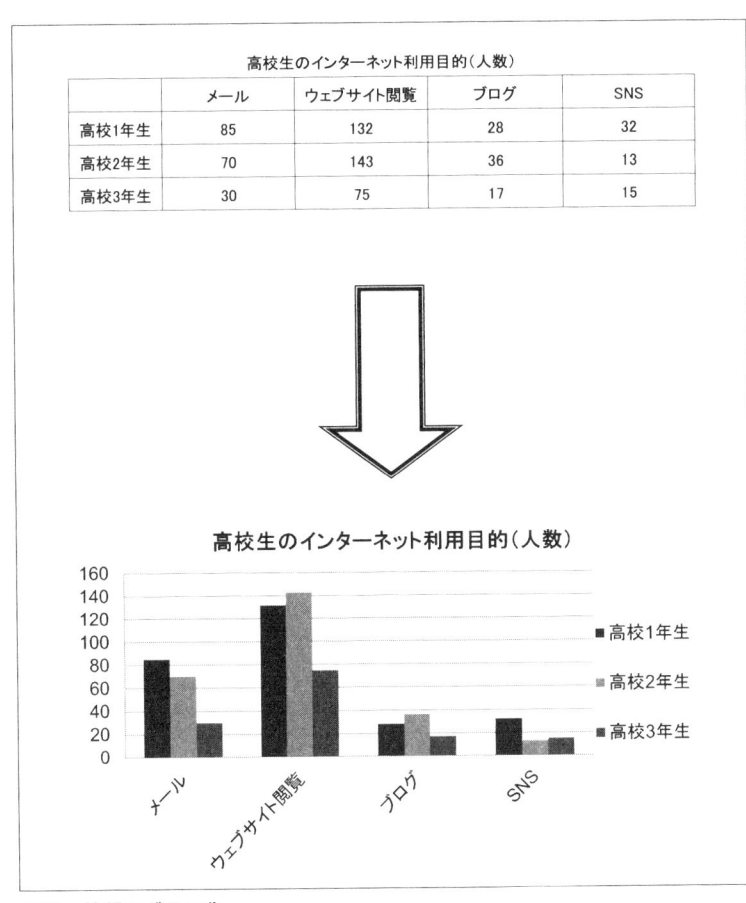

	メール	ウェブサイト閲覧	ブログ	SNS
高校1年生	85	132	28	32
高校2年生	70	143	36	13
高校3年生	30	75	17	15

図40　情報のグラフ化

にわかりやすく表現でき、読者などに丁寧に説明することができる。その半面、視覚的に誤解を生じさせる表現になる可能性があるので、情報発信をする際にも、メディアリテラシーの観点から慎重に行動しなければならない。

　また、グラフで表現する場合でも、立体的に作図したり、項目の位置などを操作することによって、異なった印象を与えてしまう可能性がある。図41は、同じデータを基に作図したものだが、BとCの関係は逆転したものになってしまう。

　さらに、最大値の設定を変えることにより、違いを浮き彫りにすることができる一方で、逆に違いがないように表現することもできる（図42）。

4-3-7　メディアリテラシー教育の実際

　メディアリテラシーを子どもたちが身につけるには、さまざまな学習支援が必要になってくる。

　新聞の読み比べをはじめとしたニュースの受け取り方だけでなく、情報を表現するスキルを身につける機会も豊富に用意する必要がある（図43、図44）。

4-3-8　新しい技術を用いた情報検索の評価

　検索エンジンが提供する機能として、サジェスト機能がある（図45）。
　検索キーワードを入力している最中に検索結果の候補が自動的に表示されるため便利な機能だが、検索エンジンが自動的に収集したデータを基に表示されているため、不正確な情報が表示される可能性もある。

4-3-9　教育用データベース

　図書館や学校図書館では、さまざまな教育活動がおこなわれている。その教育活動のなかで、書籍などの資料検索に有効なのは、教育や学習のために作られたデータベースである。

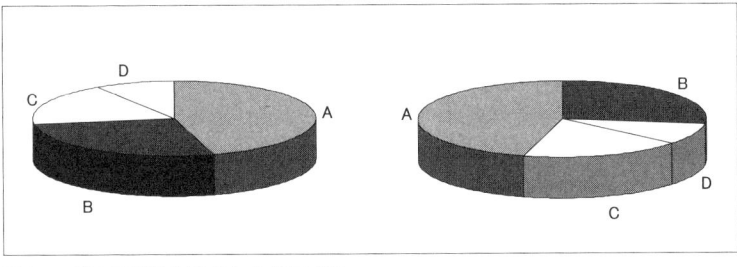

図41　グラフに埋め込まれた意図 例1

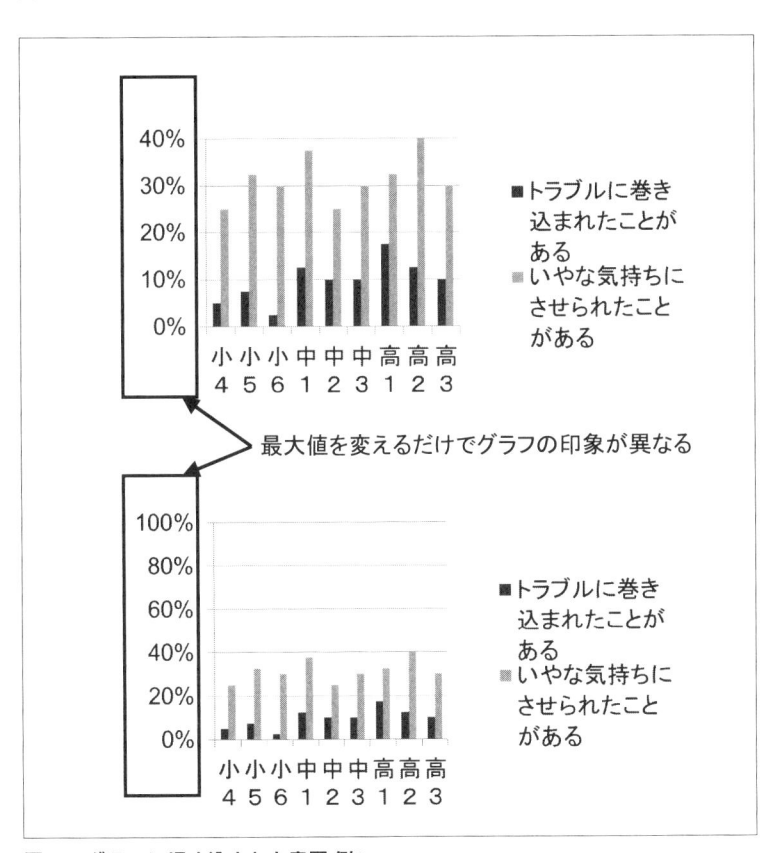

最大値を変えるだけでグラフの印象が異なる

図42　グラフに埋め込まれた意図 例2

課題

「新聞を読み比べてみよう」

・"事実"の部分と"コメント"の部分を分けて、"事実"の部分に線を引いてみよう。

余裕があれば、オリジナルの見出しを考えてみよう！

図43　メディアリテラシー教育の例

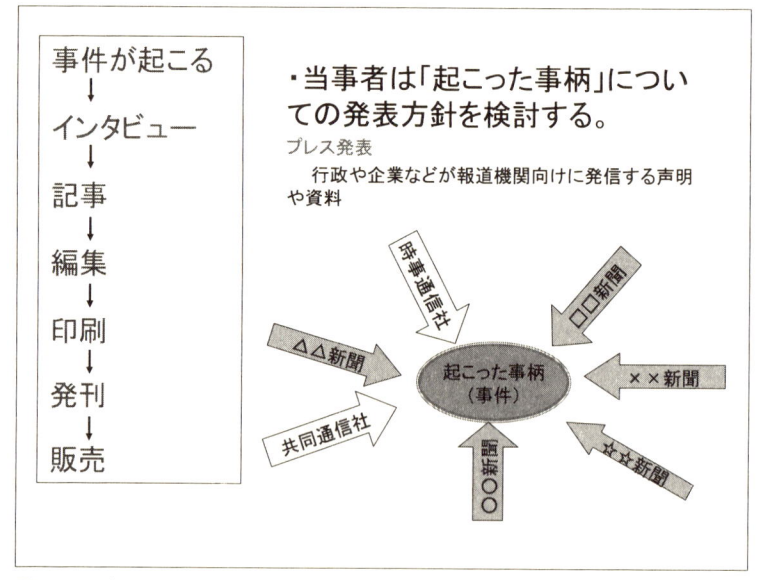

事件が起こる
↓
インタビュー
↓
記事
↓
編集
↓
印刷
↓
発刊
↓
販売

・当事者は「起こった事柄」についての発表方針を検討する。

プレス発表
　行政や企業などが報道機関向けに発信する声明や資料

時事通信社　□□新聞
△△新聞　　起こった事柄（事件）　××新聞
共同通信社　○○新聞　☆☆新聞

図44　メディアリテラシー教育の例

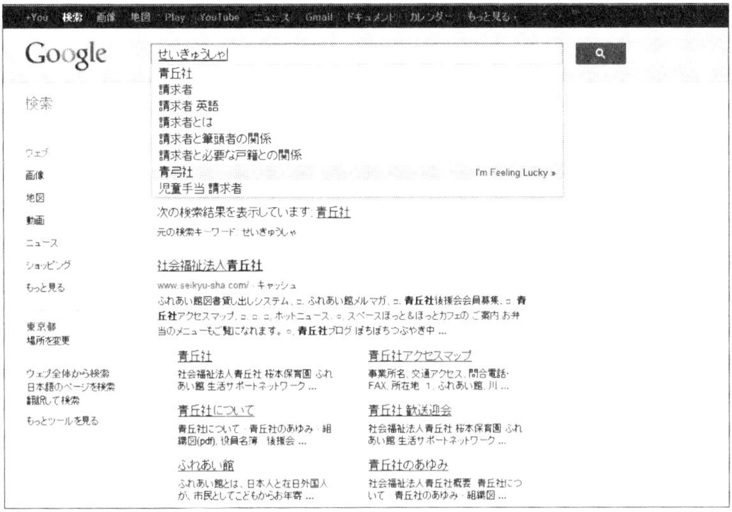

図45　サジェスト機能

　代表的なものをいくつか挙げて紹介する。
　例えば、図46に示す「NDL-OPAC」や図47に示す「総合目録ネットワーク」がある。
　また、学術的な情報を検索する例として国立情報学研究所の「GeNii」や「CiNii」なども有効である（図48、図49）。
　学校教育の教科教育に有効なサイトとして、次のような例もある。
　図50は、社会科で地図とデータを組み合わせて表示することが可能なデータベースで、グーグルマップの空港の位置とICチップの工場の位置を重ね合わせて、関連性があることを示すことができる。
　さらに、科学技術に関わる学習やものづくり教育に有効なデータベースとして、特許庁の提供する「特許電子図書館（IPDL）」がある。国内で取得された特許など、身の回りの工夫が製品化された仕組みなどを調査できるデータベースである（図51、図52）。
　このように、教育関係のデータベースは学習に有効なものが多いが、レポート作成支援サイトのように、使い方次第では不正ととられかねないデータベースもインターネット上には存在する。レポート作成支援サイトは、先行した学習事例を調べるには有効な可能性があるが、そのま

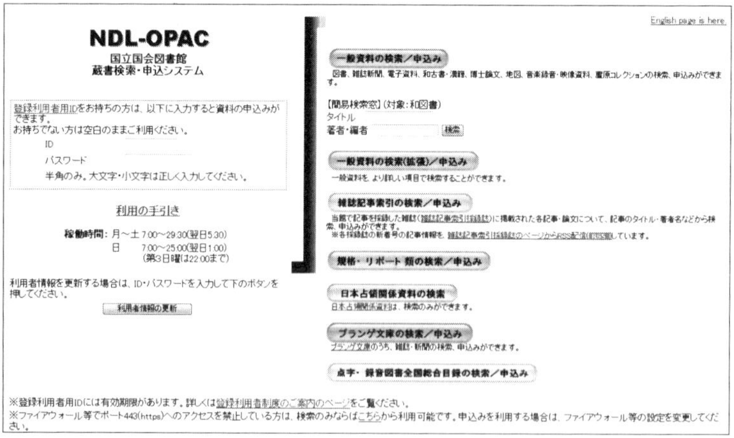

図46 「NDL-OPAC」

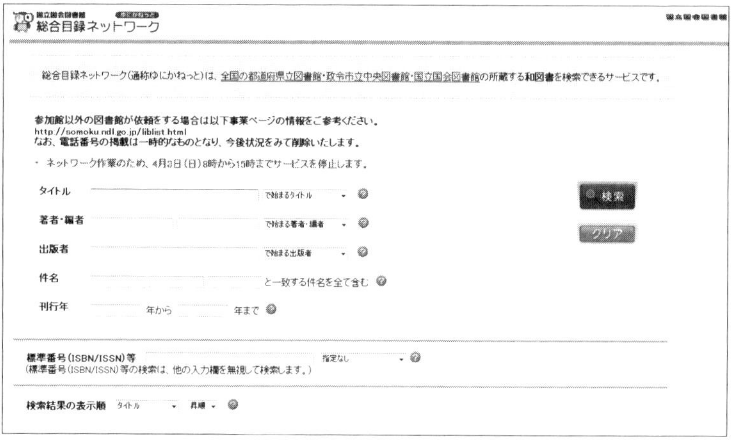

図47 「総合目録ネットワーク」

図48 「GeNii」

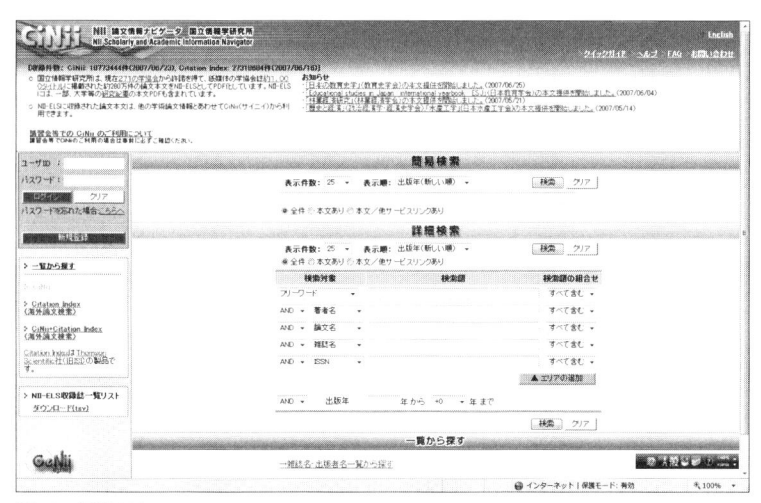

図49 「CiNii」

まコピー＆ペーストしてレポートを作成することができるため、自己の能力を偽る行為を助長してしまう恐れがある（図53）。

4-3-10 専門家に問い合わせる場合

　メールや問い合わせフォームの書き込み方の指導が必要である。
　メールでのコミュニケーションで注意するべき事項は次のとおりである。
①メールの目的は?
・問い合わせか？　意見伝達か？　教えてもらうことか?
②複数の問い合わせや意見などを合わせたメールの場合は、その旨を明示してあるか？
・個条書きにしたり、番号や記号をふったりして複数の問い合わせや意見を正確に伝える工夫をする必要がある。
③件名は明確か?
④宛先は誰か?
・知っている人か？　知らない人か?
⑤本文に送信者の所属と名前が明記してあるか?
⑥不適切な言葉や表現が使われていないか?
⑦他人の人権やプライバシーを侵害していないか?
⑧添付ファイルがある場合、容量を考慮しているか?

　また、携帯電話などからメールを送信する場合、宛名や署名を省略することができるが、パソコンで受信すると必要な情報が表示されないこともあるため、指導が必要である。

4-3-11 ラーニングコモンズ

　図書館を書籍やパッケージメディアを所蔵したメディアセンターとしてとらえるだけでなく、学習者が協調して学習を進める場所として、つまりラーニングコモンズの機関としてとらえる動きが、大学の附属図書館などで急速に広がっている。

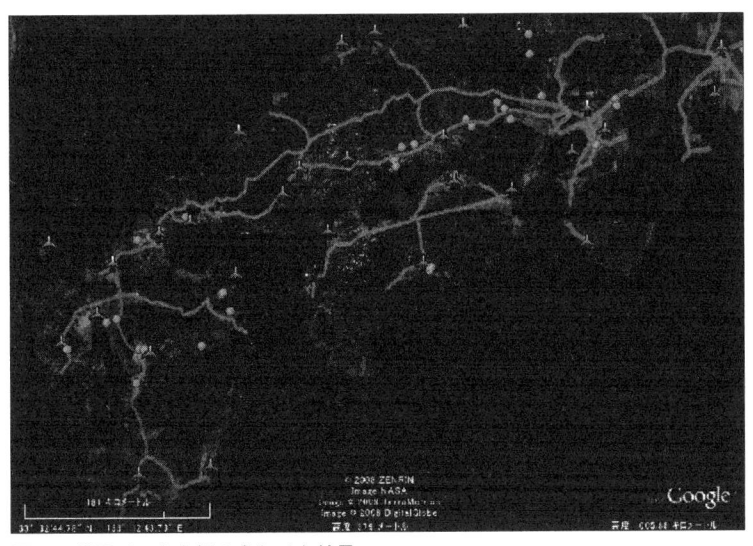

図50　地図データを組み合わせた結果
(出典:「いとちりポータル」〔http://www.itochiri.jp/〕)

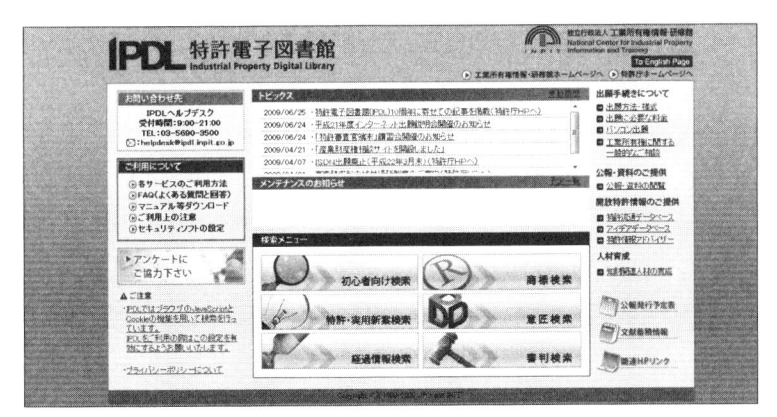

図51　「特許電子図書館(IPDL)」

図52 「特許電子図書館（IPDL）」の検索結果

図53 レポート作成支援サイトの例

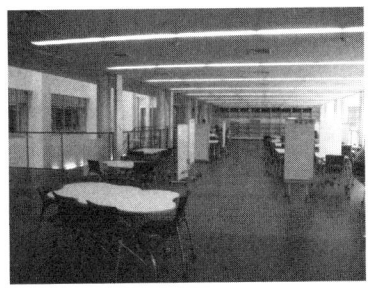

図54　ラーニングコモンズの例（千葉大学附属図書館）

　一例として、千葉大学の附属図書館ではteachingからlearningへの転換を図り、アカデミック・リンクと呼ばれる学習環境を整備し、学習の質を高める取り組みをおこなっている（図54）。

4-3-12 目的外利用に対する対応

　ネットショッピングやネットゲームなど、図書館で不適切な利用がおこなわれる可能性もある。
　特に、ネットショッピングやネットオークションといった経済活動やネットゲームなどの娯楽目的の利用は、公共性が高い図書館などでは目的外利用と判断される可能性が高い。特に、インターネット社会では、利用するサービスが刻々と変化したり、秒刻みで取引がおこなわれたりするので、利用者のなかにはこうしたインターネット社会の締め切り時間などに追われて、不適切な利用を望む者が現れることも想定される。
　したがって、インターネット接続ができるコンピュータを設置してい

る目的を明確にし、正しく利用する児童・生徒の利便性を損なうことがないように配慮する必要がある。

4-4 ケーススタディ

Q：教科の学習で調べた成果をウェブページにまとめて情報発信したい。そのときに注意する点は何があるか。

A：ウェブページによる情報発信では、個人情報やプライバシー、他人の著作権などに十分に配慮する必要がある。特に、ウェブページを制作する担当が児童・生徒である場合、保護者の理解と協力を得ながら制作しなければならない。また、サイト管理責任者を定め、苦情や意見などを迅速に受け取ることができるように、連絡先のメールアドレスなどを明示しておくのが望ましい（ただし、スパムメールの原因になりうるため、メールアドレスの表記を〇〇@〇〇.ed.jpの@〔アットマーク〕を「_at_」に置き換えたうえで、その旨を明示する〔_at_を@に置き換えてくださいなど〕と効果的である）。

Q：図書館の利用を促進するために、ウェブサイトによるイベントの告知をおこないたい。そのときに注意する点は何があるか。

A：ウェブサイト制作と同様に、個人情報や著作権などに十分に配慮したうえで、いつ、どこでイベントが開催されるのかを的確に情報発信する必要がある。そのため、広報担当者を中心に内容を吟味し、発信する情報の内容や表現方法を工夫する必要がある。

また、イベントの準備期間中は、多くの参加者を募りたいとの意識から頻繁に更新をおこなう可能性が高いが、イベント終了後にウェブサイトを閲覧した人にも有益な情報を発信できるように、イベントの報告などを掲載すると効果的な情報発信になる。

Q：校内の資料では調べることが困難な課題について、インターネットで調べてみた。その信憑性を確認するために、サイトの運営者に連絡をとってもいいか？

A：信憑性を確かめるためにサイト運営者に連絡する前に、複数のサイトで関連する情報を検索してみる必要がある。

そのうえで、誰が何の目的で調べて表示したサイトであるかを述べて、そのサイトの情報が発信された経緯を質問するのが望ましい。

児童・生徒がサイト運営者に連絡をとる場合は、失礼がない表現であるかを指導者が確認する必要があるが、同時に、指導者がサイト運営者の素性をできるかぎり把握したうえで、連絡をとるようにしたい。

Q：授業中にふざけあって、生徒がSNSにクラスメートを誹謗・中傷する書き込みをしてしまった。どうするべきか？

A：インターネットに接続されたパソコンを用いた書き込みであれば、教室内で発生した事案でも、外部の第三者が閲覧している可能性がある。そのため、できるだけ早く不適切な書き込みをプリントアウトなどして記録し、外部からの指摘に備えたうえで、削除する必要がある。

また、SNSなどのコミュニケーションサイトでは、想定外の閲覧者などが存在することを踏まえて、互いの人権を尊重しあう学習指導をする必要がある。

4-5 まとめ

本章では、図書館や学校図書館で求められるICT活用教育や情報モラル教育に関する内容について解説した。特に、情報システムの進化による学習スタイルの変化や、情報社会で生きていくための学習内容について詳しく述べた。

第5章
これからの
情報モラル教育

5-1 情報モラルと情報技術セキュリティ

5-1-1 情報通信機器の進化

　情報通信機器の進化は、現在ではスーパーコンピュータが担う計算・処理をおこなう計算機の開発から、オフコン（オフィスコンピュータ）を利用して一人ひとりがコンピュータを操作するまでに身近になり、パソコン（パーソナルコンピュータ）が普及して今日に至っている。

　パソコンの進化を細かく見てみると、本体とディスプレイ、キーボードやマウスが別々であるデスクトップ型パソコンから、本体とディスプレイなどが一体になったノート型パソコンに進化し、ディスプレイ自体が入力装置になったタブレット型パソコンなどに変化してきた。

　さらに、子どもたちの身の回りに目を向けると、通話機能だけの携帯電話からインターネットができる機種に進化し、カメラ機能やおさいふ機能がついたりし、通話ができる小さなパソコンといえる機器にまで発展した（図55）。

　近年はパソコンと同様、ファイルを扱うことができるスマートフォンが登場し、携帯することができる電話機は、通話やデータ通信ができる小さなパソコンへと進化を続けている（図56）。今後もスマートフォンの基本的な機械の部分であるハードウェアだけでなく、ソフトウェアやさまざまなサービスが進化すると予想できる。

　情報機器の進化とともにサービスが進化すると、そのサービスに関わる情報モラルについての意識や知識を更新していく必要性が出てくる。例えば、携帯電話にカメラが搭載されることで、それまでなかった盗撮などの問題が発生して、その対処のための知識が必要になってきている。

　近年、急速に普及しているスマートフォンやタブレット型パソコンは、基地局（図57）と呼ばれる電波塔との間で通信するだけでなく、各所に設置された無線LANの電波を使って通信することができる。通信環境によって携帯電話会社の電波と無線LANのアクセスポイントから使用する電波を切り替えることができるので、便利である。その半面、セキュリティの確保が課題となる。また、各携帯電話会社がおこなっている有害情報を排除するフィルタリングサービスも、無線LANに切り替え

携帯電話

- 通話
- データ通信
- メール
- インターネット
- スマートフォンは位置情報などもやりとり

通話ができる小さなパソコン

パソコン

- 文章作成
- 表計算
- メール
- インターネット

図55　携帯電話とパソコン

携帯電話 → → → **スマートフォン**

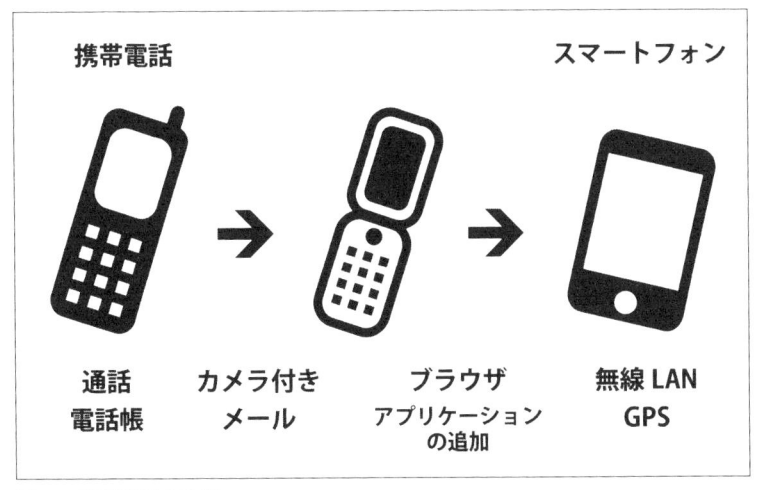

| 通話 | カメラ付き | ブラウザ | 無線 LAN |
| 電話帳 | メール | アプリケーションの追加 | GPS |

図56　携帯電話の進化

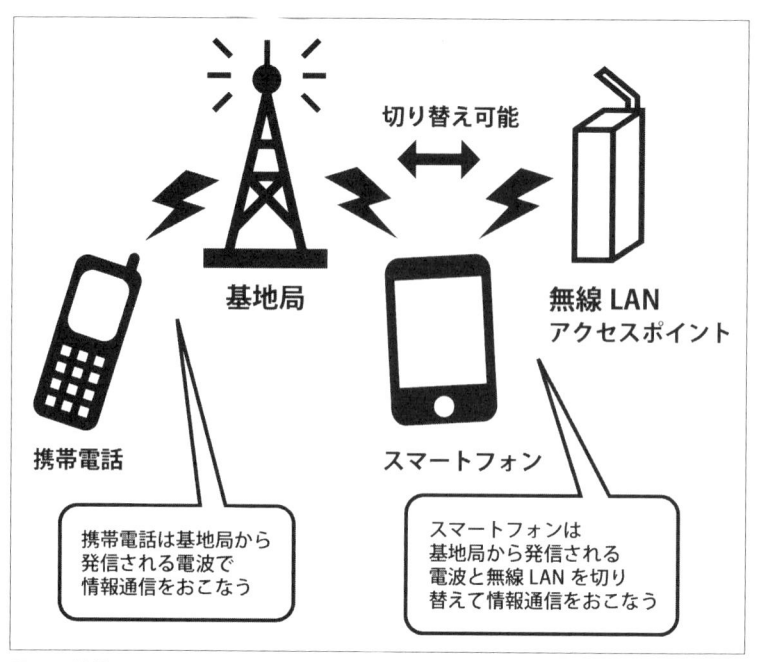

図57　携帯電話基地のイメージ

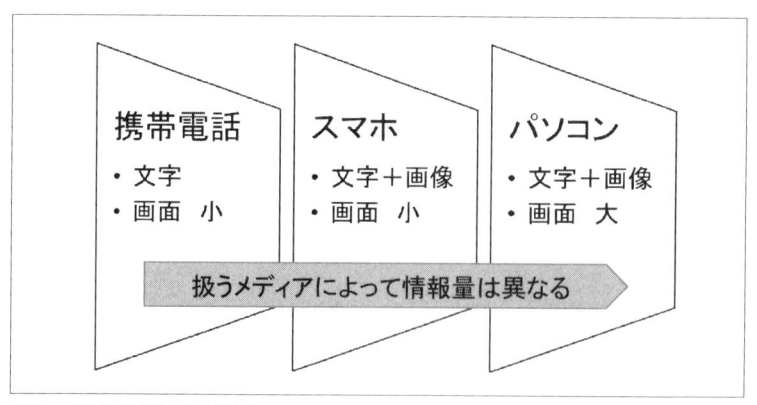

図58　情報の質と量の比較

ると受けることができなくなってしまう。

　扱うことができる情報の量も、携帯電話やスマートフォン、パソコンと、画面が大きくなるにつれて多くなる。文字や小さなアイコン程度のものから、画像や動画、音声などまで、情報量も多く、質も格段に高くなっている（図58）。

　スマートフォンやタブレット型パソコンの普及により、街角で頻繁に見かけるようになった無線LAN（Wi-Fi）だが、不正アクセスを未然に防止するには、セキュリティを適切に設定しておく必要がある。

　無線LANのセキュリティには次の規格があり、それぞれ、自分に求められるセキュリティの程度に合わせて、利用する規格を選択する必要がある。

・SSID：無線ネットワークの識別符号
・WEP：1997年―、セキュリティ低
・WPA：2001年―、セキュリティ比較的高
・WPA2：WPAの強化版

　近年では、WEPを解読するプログラムが存在するので、クレジットカード番号や重要な個人情報など、無線LANを盗聴されると不都合な情報をやりとりする際には、より高度なセキュリティ対策の導入を検討しなければならない。

5-1-2　サイバー犯罪

　警察庁の定義によると、サイバー犯罪とは、情報社会のなかで、コンピュータネットワーク上でおこなわれる犯罪の総称であり、次のような犯罪が該当する。
・不正アクセス
・ネット詐欺やワンクリック詐欺など不正な取引
・著作権の侵害
・信用毀損
・業務妨害

- コンピュータウイルスの作成と流布
- わいせつ物や薬物などの売買

　このほかに、情報社会でサービスされているさまざまな技術や制度も、私たちの生活を便利にする半面、犯罪に利用されて、刑事罰などの責任を問われる場合があり、そうでなくても、不法行為による損害賠償の請求対象になる恐れがある。

5-1-3 不正アクセス

　不正アクセスとは、コンピュータやネットワークを利用権限を超えて利用することであり、下記のような行為が該当する。
①不正な方法でコンピュータやネットワークを利用する。
②不正な方法でコンピュータ内のデータを抜き出す。
③不正な方法でコンピュータを意図的に攻撃する。
ⓐ実際にあった事例
- 利用することを許可されていない（封印されている）情報コンセントにLANケーブルを接続してインターネットを利用した。
- 利用することを許可されていない無線LANネットワークを勝手に接続してインターネットを利用した。
- オンラインゲームのIDとパスワードを他人に利用されてしまい、ゲーム内のアイテムを勝手に処分されてしまったり、なりすまされてゲーム内のキャラクタを操作されてしまった。
- 友人のIDとパスワードを利用して、仲間割れをするようないやがらせメールを送信した。
- 個人情報を抜き出すソフトウェアを利用者に有益なソフトウェアと偽ってパソコンにインストールさせ、利用履歴などを勝手に抜き取った。
- 図書館が管理するウェブサイトが不正アクセスによって乗っ取られ、内容を書き換えられた。

　以上のように、多くの場合、なりすましが多いが、公共のパソコンが不正アクセスのターゲットになったり、別のコンピュータを攻撃する踏

み台にされたりするケースが増加している。また、公共機関である図書館や学校図書館（大学の附属図書館を含む）のウェブサイトが、他国のクラッカーによって攻撃される事例もあるので、不正アクセスに対する備えが必要である。

不正アクセスを未然に防止するには、下記の視点で対処する。
①こまめにログアウトしたり、パソコンの電源を切る。特に、公共のスペースなどでパソコンを使う場合は、ログインしたまま席を離れない。
②共有の設定は慎重におこなう。
③ファイヤウォールを導入し、ネットワークからの不正な侵入を防止する。
④一見、便利そうなソフトウェアでも信頼できるサイトからしかインストールしない。

加えて、図書館では利用者に対して、不正アクセスは犯罪であり、なりすましなども情報社会では深刻な迷惑行為であることを周知させる必要がある。

万が一、不正アクセスを受けた場合、もしくはその疑いがある場合は、できるだけ早く該当のパソコンをネットワークから切断し、被害を最小限にとどめる対応をとる。

なりすましの場合は、利用者としての資格を一時停止したり、剥奪する対処も必要である。学校図書館では、いたずらなどの延長線上でしばしばなりすましなどが起こるものと想定されるが、軽率な行為であることを指導し、再発を防止しなければならない。

5-1-4　不正アクセス禁止法

不正アクセスを未然に防止することを目的に、不正アクセス行為を犯罪行為として定め、禁止したり罰則を設けたりした、不正アクセス禁止法（正式名称は「不正アクセス行為の禁止等に関する法律」）が2000年に施行された。これにより、表22の行為は禁止された。また、これらの行為を未然に防止するために、ネットワークを管理する組織や行政機関の努力

が求められている。

表22　不正アクセス禁止法で禁止される行為

禁止される行為	内容
不正アクセス	なりすまし（他人のIDやパスワードを無断で使用）
	セキュリティホールを攻撃して侵入
不正アクセスの助長	他人のIDやパスワードを無断で第三者に提供
不正アクセスの準備	他人のIDやパスワードなどを不正に取得
	不正に取得した他人のIDやパスワードを保管

5-1-5　IDとパスワードの重要性

　自分の名前などと同じ文字列や単純な文字を組み合わせたIDやパスワードは、他人に容易に解読されてしまう可能性が高いので、絶対に使ってはならない。また、よくある文字列なども、パスワードを解読するためのプログラムに対して脆弱であるので、重要なIDとパスワードには使用を控えるべきである。

　また、ID発行時に設定された初期パスワードのまま利用を続けたり、忘れないようにパスワードをノートや付箋紙にメモすることがあるかもしれないが、このような場合、他人に見られないように工夫する必要がある。万が一、不正アクセスを許してしまった場合には責任を問われる可能性もあるので、そもそもこうした行為は控える必要がある。

　また、他人にIDとパスワードを教えて代理で作業を依頼する場合も想定できるが、これは情報社会では控えるべき行為である。さらに、IDやパスワードを定期的に変更することも、セキュリティを高める効果がある。

　ネットワークやコンピュータシステムを管理する際に、利用者からIDやパスワードを失念したという申し出がある可能性もある。この場合、本人確認を慎重におこない、IDやパスワードの不正な取得を許さない体制作りが大切である。学校での管理でも、IDやパスワードの重要性を十分に指導する必要がある。

①適切なパスワードの作成例
ⓐ8文字以上の英数字を複雑に組み合わせる（記号が使用できる場合はでき

るだけ記号も含める）

- 日本語で作文した文章の頭文字
  taitei 5 nin de yakiniku ni ikimasu
  ↓
  t5ndyni
- キーボードに刻印してある平仮名を利用
  3つのみかんと1このすいか
  ↓
  3zkntysret1bk

5-1-6 生体認証

　キーボードから英数字を入力する従来の認証システムでは、不正アクセスによって盗み出されたり、パスワードを利用者本人が忘れてしまったりするトラブルが発生しうる。生体認証とは、このようなトラブルを回避するために、利用者本人の身体的な特徴を利用して認証するシステムである。

　生体認証では、手のひらの静脈や指の静脈のパターンや指紋のパターンなど、誰もがもつ身体的特徴であり、しかもその特徴をもつ人物がほかにいないものを利用して本人認証をおこなう（図59）。すでに指の静脈のパターンや指紋のパターンを利用した認証システムが実用化され、銀行のATMやパソコンのログインに利用されているが、指のけがなどによって識別が困難になる可能性など、解決しなければならない課題も多い。

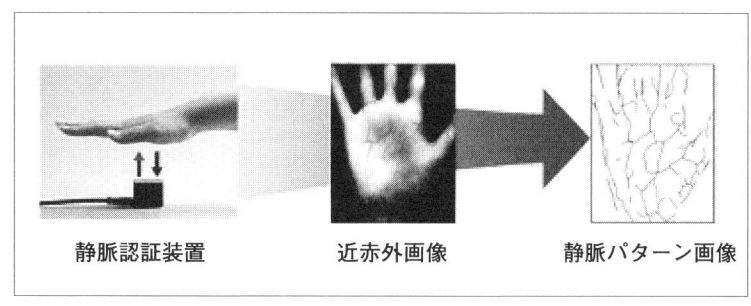

静脈認証装置　　近赤外画像　　静脈パターン画像

図59　静脈認証の例
（出典：http://www.frontech.fujitsu.com/）

5-1-7　フィルタリング

　情報社会のなかでセキュリティを確保し、利用者に安心してネットワークサービスを活用してもらうためには、IDやパスワードによる認証と同様、フィルタリングサービスも欠くことができない技術である。フィルタリングとは、インターネット上の情報を設定された基準で選択して排除する技術であり、狭義には「有害サイトアクセス制限」を、広義には「インターネット検閲」や「情報漏洩防止」などの技術を指す。日本では、青少年のインターネット利用に関する有害サイトアクセス制限が中心であり、多くの学校で導入が進んでいる。

　選別する技術は表23のように分類することができる。

表23　フィルタリング技術の分類

ブラックリスト法	問題があるサイトをリスト化し、そのURLへのアクセスを制限する方法 登録されていない有害サイトへはアクセス可能（デメリット）
ホワイトリスト法	有益なサイトをリスト化し、そのURLだけにアクセスを許可する方法 利用可能なサイトが限定的（デメリット）
動的コンテンツフィルタリング	ウェブページ内のキーワードなどを基に、有害だと判断されるサイトを自動的に遮断する方法

　また、フィルタリングを提供する方法として、表24のような方法が用意されている。

表24　フィルタリングを提供する方法の分類

ソフトウェア	パソコンにインストールして利用
サーバ	サーバにインストールし、複数のパソコンを制御する
プロバイダ	インターネット接続業者によるフィルタリング

　フィルタリングについては、2009年4月に青少年インターネット環境整備法（正式名称は「青少年が安全に安心してインターネットを利用できる環境の整備等に関する法律」）が施行されている。この法律は、青少年に携帯電話

を通じたインターネット接続サービスを提供する際に、原則的にフィルタリングサービスを提供することを義務づけることを定めている。

また、青少年インターネット環境整備法で例示されている有害情報は次のとおりである。

1　<u>犯罪若しくは刑罰法令に触れる行為</u>を直接的かつ明示的に請け負い、仲介し、若しくは誘引し、又は自殺を直接的かつ明示的に誘引する情報
2　<u>人の性行為又は性器等のわいせつな描写</u>その他の著しく性欲を興奮させ又は刺激する情報
3　<u>殺人、処刑、虐待等の場面の陰惨な描写</u>その他の著しく残虐な内容の情報

（下線は引用者）

図書館では、インターネット接続サービスを提供する場面が増えていて、今後も、情報を検索するうえでサービスの充実を図っていく必要がある。その半面、青少年の利用者が有害な情報にふれないようにする対策も重要である。

学校図書館でも、インターネットを利用して情報検索をする学習場面が増加すると思われるが、児童・生徒が検索している内容を常に把握したり、監視したりすることは困難である。したがって、安心・安全な利用を促進するためにも、フィルタリングの導入は欠くことができない。

5-1-8　アクセス制限

構内のLANを構築する際に、利用者を識別・制限して、情報にアクセスする権限を振り分けることができる。

概念は図60のとおりである。この場合、アクセス制限を設定することによって、施設外から持ち込んだ機器からはサーバにアクセスできないようにすることができる。さらに、特定の部屋からだけアクセスを許

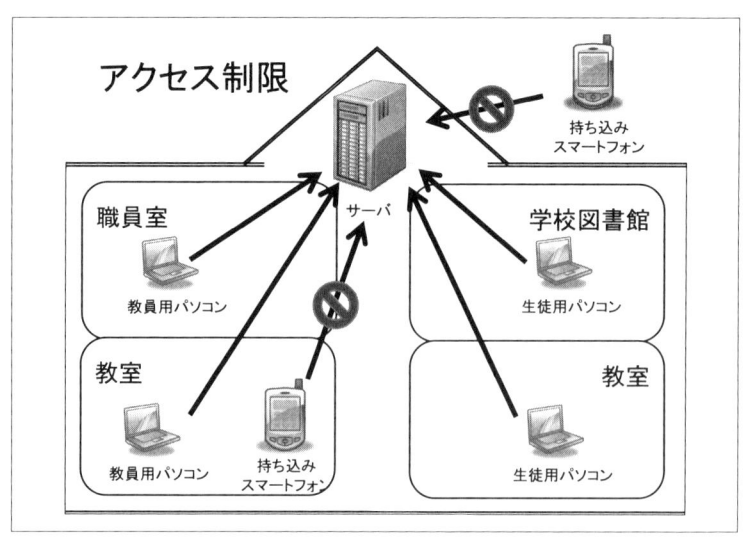

図60　アクセス制限

可したり、機器のプロフィール（誰が使用している機器であるかを判別する仕組み）によってアクセスを許可したりすることも可能である。

　アクセス制限をかけると、次のような利用の振り分けが可能となる。
①利用者のIDによる、ファイルへのフルアクセス（読み出しだけでなく、書き込みなども可能）
②アクセスすることができる機器の識別

　有線のLAN構築が主流だった時代には、部屋に鍵をかけるなどして物理的な制限をかけることができたが、無線LANのサービスが広がった今日では、物理的な制限は困難である。したがって、アクセス制限の考え方に基づいて、LANの利用権限の設定をおこなう必要がある。

5-1-9　暗号化

　インターネット回線を通じてやりとりする際に、途中のサーバやルータなどで盗聴されても、大事な情報を他人に解読されないように、情報

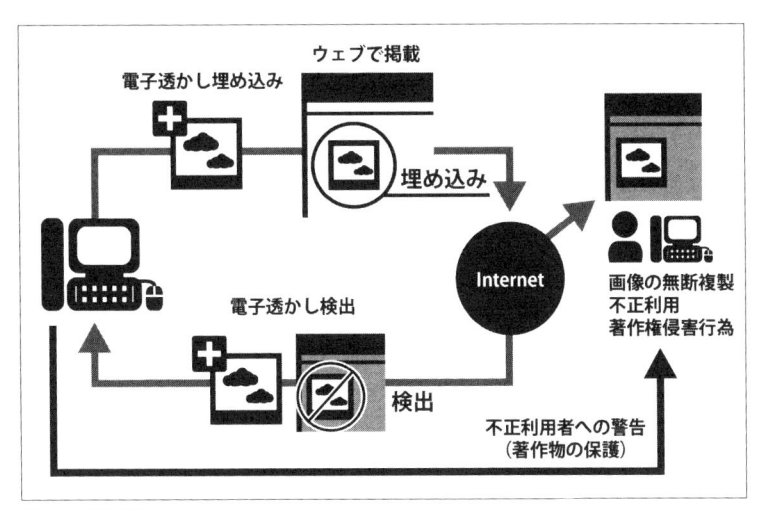

図61　電子透かし

を暗号に変換することを暗号化と呼んでいる。

　暗号化が必要な場合とは、クレジットカードの番号や銀行の口座情報など、悪用されると多大な被害が生じるものや、流出すると都合の悪い個人情報などを通信するときである。

　ブラウザで用いられている暗号化アルゴリズムのSSL（Secure Sockets Layer）などがある。また、ファイルを暗号化するソフトウェアもさまざまな種類のものが提供されているので、用途に応じて導入を検討する必要がある。

　また、暗号化の技術を応用して画像や動画の著作権を管理したり、不正な変更がおこなわれていないことを証明するために、電子透かしと呼ばれる技術がある（図61）。電子透かしを用いると、画像や動画に著作情報を埋め込むことができるので、無断複製などの不正な利用を検出することが可能になる。

5-1-10　コンピュータウイルスとスパイウェア

　コンピュータウイルスとスパイウェアは、コンピュータに被害をもたらす悪意があるプログラムであり、感染すると次のような事態が生じる。

①プログラムやデータを改竄・削除する。
②ウイルスファイルのコピーをほかのコンピュータに配信する。
③不正アクセスの踏み台になる。
④遠隔操作によって特定のコンピュータを攻撃する。

　コンピュータウイルス（感染）を未然に防止するには、セキュリティ対策ソフトウェアの導入など、何重にも対策を講じておく必要がある。特に、図書館や学校図書館など公共性が高い施設では、コンピュータウイルスの感染が不正アクセスなどの原因になりうるので、厳重な対策を講じることが求められる。個人が利用するコンピュータでも、コンピュータウイルスに感染すると業務の停止や対処に時間を費やしてしまい、ほかの人や組織に多大な迷惑をかけることになるので、未然に防止する努力を怠ってはならない。
　主な対策は次のとおりである。
①セキュリティ対策ソフトウェアを利用する。
②出自不明なプログラムは実行しない。
・ウイルス情報ファイルを最新に保つのが重要である。
③電子メールの添付ファイルには要注意。
④定期的にデータをバックアップする。
⑤セキュリティ情報を収集する。

　スパイウェアがコンピュータウイルスと異なる点は、利用者が知らないうちにコンピュータに入り込んだり、一見、有用なソフトウェアに含まれていて、利用者自身がインストールに同意してしまうことである。
　現れる症状は、次のとおりである。
①コンピュータ内の情報や操作を許可なく第三者に送信する。
②コンピュータの動作が遅くなる。
③不要なポップアップ広告などが表示される。
④心当たりのないアイコンやボタンが表示される。
⑤コンピュータなどの設定が勝手に変更される。

　スパイウェアの侵入を防ぐ対策は、基本的にコンピュータウイルスへ

の備えと同じだが、次のとおりである。
①セキュリティ対策ソフトをインストールする。
②不自然なコンピュータの動作や設定の変更の有無に注意する。

　また、普段から心がけるべきこととして、
①OSやソフトウェアの更新、
②ブラウザのクッキー（cookie）などの設定を変更する、
③いろいろなソフトウェアを安易にインストールしない、
④インストールのときに利用許諾をよく読む、
などの対策も考えられる。
　また、スパイウェアとして使われる可能性があるソフトウェアとして、キーロガーがある。キーロガーはキーボード操作などを記録するので、次のような情報を第三者に抜き出されてしまう恐れがある。
①個人情報（メールアドレス、氏名、住所など）
②コンピュータの使用履歴
③ブラウザでの閲覧履歴や入力履歴

　キーロガーは、ソフトウェア形式のものだけでなく、キーボードやマウスとパソコンの接続部分に接続するタイプもある。
　キーロガーによる情報の漏洩や流出を防ぐには、共有のパソコンを利用する場合に他人に知られては困る情報を入力しないことが重要である。また、パソコンを管理する立場の場合は、不正なプログラムがインストールされていないか、不審な装置がパソコンに装着されていないかを定期的に確認する必要がある。

5-2　教育におけるこれからの情報モラル

5-2-1　学校教育としての情報モラル

　学習指導要領に学習内容が明記してある教科として、次の教科がある。
①小学校：道徳
②中学校：社会、技術・家庭科、道徳

これらの教科はもちろんのこと、情報社会で生きていくためのスキルとして、多くの教科で情報モラルを学習する機会を設ける必要がある（表25）。

表25 情報モラル学習の具体例

小学校
国語：メディアと言語を用いたコミュニケーション
社会：社会のなかで守るルールや規則
理科：科学的視野によるデータの分析
音楽：著作権など他人が創作した作品への敬意の形成
図画工作：著作権など他人が創作した作品への敬意の形成
道徳：人権への配慮
中学校
社会：情報社会でのメディアの特徴と情報社会に関する法律の知識
保健体育：情報社会でのメンタルヘルス
技術・家庭：情報技術に基づく情報安全教育
外国語：情報社会の異文化交流
道徳：情報社会での人権

5-2-2 情報モラルの指導

学校教育における情報モラルの方向性として、表26のように、情報社会でも不易な学習内容と、流行で変化が激しい内容の違いを理解し、教育論を構築する必要がある。

表26 情報モラル学習の方向性

不易なこと	流行なこと
伝え合うこと	インターネット
情報を収集すること	メール
情報を発信すること	コンピュータ
情報を処理すること	

また、情報モラル教育の内容と合わせて、情報社会の変化・特徴や児童・生徒の社会化についても議論をしておくべきである。

まず、情報社会の変化や特徴として、価値観の変化がある。多くのメディアからの情報によって、自分の価値観を変化させることが考えられる。したがって、情報メディアの影響がどのくらいあるのかをよく考え、

情報メディアの特徴を理解しておく必要がある。

　また、携帯電話をはじめとした情報通信機器を児童・生徒に利用させる場面では、社会的な視野の広がりを考慮する必要がある。人とのつながりや情報の流通について、インターネット上と現実社会の違いを理解させ、社会的規範や社会的絆の獲得を促しながら、利用を促進することが重要である。

　さらに、学校教育で情報モラル教育の方法論を語るうえでは、次の視点を考慮しておくべきである。

①モラル教育の視点
・道徳教育・人権教育の立場だけでなく、生徒指導・生活指導の立場からも確認しておく必要がある。

②指導内容の分担の明確化
・学級担任、学年、生活・生徒指導、情報教育・図書教育、道徳・人権教育、管理職など、関わる教職員がチームとして働けるように、分担と役割を確認しておく必要がある。

③情報社会のルールの認知（意識的なもの）
・社会性の獲得、順法意識の獲得をどのタイミングでどのように指導するかを確認する。
・児童・生徒の自律と責任のバランスをどのタイミングでどのように指導するかを確認する。

　具体的な方法として、次のような教材や教具の利用が想定できる。

・壁新聞
・リーフレット、パンフレット
・学級通信

　加えて、情報モラルについての指導のポイントとして、児童・生徒に"考える立場"から"考えさせる立場"への意識の変換を促す教育方法の考案が重要である。

5-2-3 生徒指導・生活指導としての情報モラル

学校教育では教科指導と並んで、生徒指導や生活指導でも情報モラルに関する指導場面が存在する。
具体的な例として、次のような事項が挙げられる。
- 出会い系サイト（出会いを表立った目的にしていない非出会い系サイトも含む）
- 犯行予告などの反社会的な書き込み
- ネットいじめ

出会い系サイトなどは不適切なコミュニケーションの温床になっていて、利用者が性犯罪の被害に遭ったり、最悪の場合には殺人事件にまで発展したことから、社会問題になっている。

2003年に出会い系サイト規制法が制定されたが、非出会い系サイトと呼ばれる、一見出会いを目的にしていないサイトが出現し、そこで連絡先などを交換することによって、不適切な出会いを試みるといった問題が生じている。

また、犯行予告などは、「爆弾を仕掛けた」や「通り魔事件を起こす」など、社会の安全を脅かす書き込みをインターネット上でおこなう行為である。業務妨害などの罪に問われる可能性があり、安易に出来心で反社会的な書き込みをしないように指導することも重要である。

5-2-4 ネットいじめ

ネットいじめについては、世界中で社会問題になっている。その多くは掲示板への誹謗・中傷の書き込みだが、電子メールを悪用した手口なども存在する。次に、その例をいくつか紹介する。
①掲示板を用いたネットいじめ
- 勝手に個人情報を書き込む。
- 出会い系や援助交際を求める書き込みも存在する。

②電子メールを用いたネットいじめ
- いやがらせメール

画像や動画なども増加している。
- なりすましメール
  1人がクラスメイト全員になりすまして個人を攻撃する。

ネットいじめの特徴として次のことが指摘できる。
①匿名性が高く犯人にたどりつきにくい（と思われている）。
②社会的制裁を回避することができる（可能性が高いと思われている）。
③相手の存在にかかわらず書き込みが可能であるため、罪悪感を覚えにくい。
④ネットワークを利用したいじめであるため、体力や立場などの強弱とは関係がない。
⑤キャラクタ（人格）への攻撃や誹謗・中傷、なりすましが多い。
- 心理的に被害者を追い込む事例が多く、図62のような些細な内容から自殺などに追い込んでしまう事例が発生している。
⑥個人情報の漏洩、プライバシーの侵害が起こりうる（特に写真や動画）。
⑦ネットストーカーなどに発展する可能性がある。
⑧不特定多数の大人が関与することによって、被害が全国的に拡散してしまう。

実例として次のような事案が挙げられる。
①特定の児童・生徒を中傷する書き込み
②実際のいじめの様子を動画で撮影した投稿
③下半身の画像や性行為の動画のチェーンメール
④友人関係を壊す虚偽メール
⑤内定取り消しにつながる反社会的行為を暴露する書き込み

このなかで特に注意が必要なのは、動画や画像などがインターネット上に流出してしまった場合であり、できるだけ早く、削除を要請する必要がある。
その理由は、インターネットの情報は完全に消去するのは困難であり、活字はもとより、写真や動画の流出は取り返しがつかないからである。

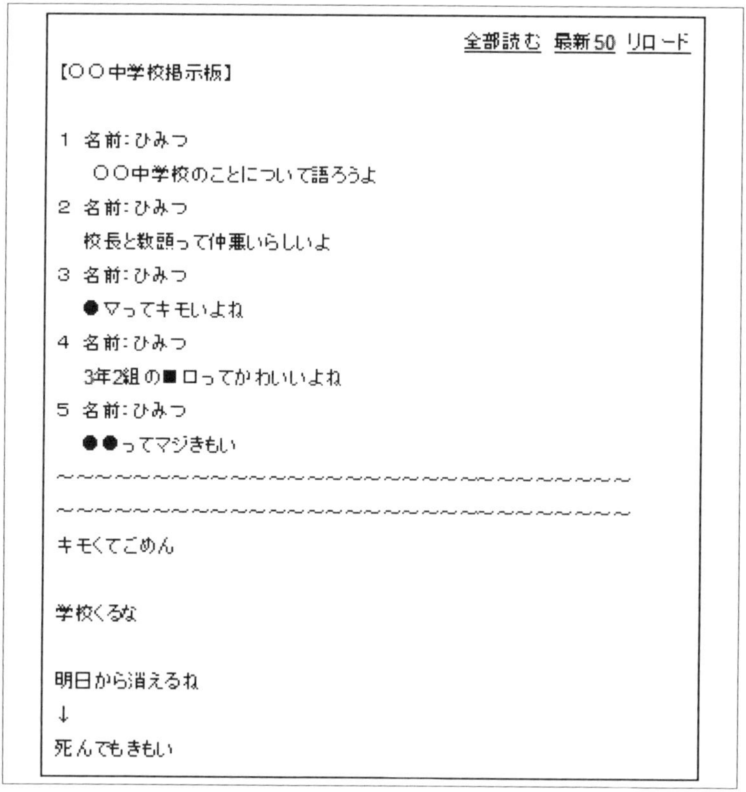

```
                                          全部読む 最新50 リロード
【○○中学校掲示板】

1 名前:ひみつ
   ○○中学校のことについて語ろうよ
2 名前:ひみつ
   校長と教頭って仲悪いらしいよ
3 名前:ひみつ
   ●▽ってキモいよね
4 名前:ひみつ
   3年2組の■ロってかわいいよね
5 名前:ひみつ
   ●●ってマジきもい
~~~~~~~~~~~~~~~~~~~~~~~~~~~~~~
~~~~~~~~~~~~~~~~~~~~~~~~~~~~~~
キモくてごめん

学校くるな

明日から消えるね
↓
死んでもきもい
```

図62　エスカレートする書き込みのイメージ

5-2-5　ネットいじめの対策

　ネットいじめに対しては、事案が発生してしまった際の「緊急対策」と未然に防止を呼びかける「予防指導」が必要である。
　緊急対策では、初期対応として次の行動が考えられる。
①証拠保全、事実把握（一見したことと異なる場合もある）。
②掲示板などの管理者への削除要請。
　さまざまな掲示板などに広がってしまうと対処が困難になる。
③被害者のケア、加害者の指導は実社会でのいじめと同様に対応する。

④必要に応じて、警察や都道府県、市町村の教育委員会への報告や相談を迅速におこなう。

　また、予防指導として教師、社会が監視していることをPRする必要があるが、仕返しやエスカレートするケースが多いので、掲示板への書き込みなどは慎重におこなう必要がある。また長期的な指導として、次のようなインターネット社会の特徴を理解させることが大事である。
①ネット社会は無限に広がっている。
②ネット社会の情報は消えない。
③犯罪行為に対する匿名性はない。

　加えて、ネットいじめに関する日本の法律を理解し、図書館や学校などの機関が被害者になるだけでなく、対処が遅れることで、訴訟の対象にならないように努める必要もある。関連する法律には、次のようなものがある。
①関連法案
・憲法（プライバシーに関する内容）
・刑法
　　自殺関与および同意殺人（自殺教唆、自殺幇助）
　　脅迫罪・強要罪・恐喝罪
　　名誉毀損罪・侮辱罪
・民法
　　不法行為による損害賠償

5-2-6　インターネット上での情報削除

　インターネット上に不適切な書き込みやコメントがおこなわれた際に、管理する立場からその記事を削除する場合には、掲示板やサーバの管理者に削除要請をする必要がある。
　掲示板の管理者やサーバ管理者については、次のような方法で検索したり、探し出したりすることができる。
①掲示板の管理者の特定方法

図63 ドメインの例

図64 「JPドメイン名登録情報検索サービス（JPRS WHOIS）」のドメイン検索画面

・掲示板内に掲載してある場合が多い。
②サーバ管理者の特定方法
・ドメインから検索することができる（図63）。
・「JPドメイン名登録情報検索サービス（JPRS WHOIS）」を利用することができる（図64）。

　ウェブページのURLのうち、「www.以降で最初の/（スラッシュ）までの部分」をドメインと呼び、個々のサーバで管理されているため、そのサーバの管理者を検索することができる。

　掲示板やサーバの管理者に対して送信する削除要請の内容は次のとおりである。削除要請をしても対応してもらえないケースがまれにあるが、プロバイダ責任制限法に基づき、繰り返し削除要請をおこなうことが重要である。
①サイト管理者、サーバ管理者宛
②件名：削除依頼
③内容：URL
　　　　掲示板などの名前
　　　　書き込みのタイトルと日時
　　　　削除依頼理由

5-2-7　プロバイダ責任制限法

　プロバイダ責任制限法とは、インターネット上に誹謗・中傷の記事を書き込まれたり、個人情報を掲載されてプライバシーを侵害された者が、掲示板などを運営する会社やインターネットに接続するプロバイダ事業者に対して削除を要請し、これに応えた場合、申し出た者からの損害賠償の請求を免れることができることを定めた法律である。併せて、権利を侵害する情報を発信した者についての情報の開示請求ができることも規定されている。

　この場合、開示請求できる発信者の情報は次のとおりである。
①発信者その他侵害情報の送信に関わる者の氏名または名称
②発信者その他侵害情報の送信に関わる者の住所
③発信者の電子メールアドレス

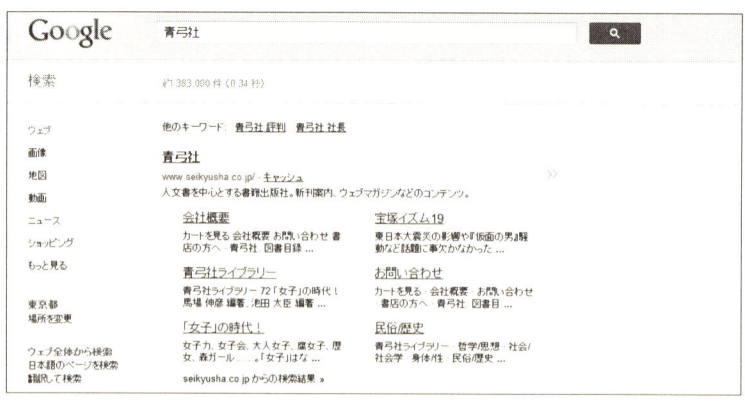

図65　検索エンジンのキャッシュの例

図66　キャッシュの違い
キャッシュとして検索エンジンに保管されているイメージ（上）
実際のサイト（下）

④侵害情報に関わるIPアドレス
⑤前号のIPアドレスを割り当てられた電気通信設備から開示関係役務提供者の用いる特定電気通信設備に侵害情報が送信された年月日と時刻

5-2-8 サーバに記録された情報

　検索キーワードに関連すると判断した語句を自動的に表示するキャッシュ機能などの出現によって、事後対応しても完全に解決できない事例が増えている。キャッシュ機能では、ネットいじめや誹謗・中傷の被害が継続して表示されるので、被害が深刻化する原因になる傾向がある。

　検索エンジンのキャッシュは、各社が設置するクローラと呼ばれるプログラム、つまりインターネットを巡回して、ウェブページの文字や画像を自動的に保存しデータベース化するプログラムによって生成されている（図65、図66）。クローラによって収集されたデータは数カ月程度の周期で更新されたりするので、元のデータが削除された場合は、しばらくすると表示されなくなる可能性が高い。

　クローラによって収集されたキャッシュを人為的に削除するためには、検索エンジンの運営会社に削除要請を出すことが現実的な手段である。しかし、検索エンジンを運営する会社のなかには、内容によっては削除要請に応じないところがあるし、また、英語での要請が求められたりすることもあり、削除要請には困難が伴う場合が多い。

5-3　図書館におけるこれからの情報モラル

5-3-1 図書館におけるメディア

　（学校）図書館は、さまざまなメディアを提供する機関である。特にインターネットは、コミュニケーションのためのメディアではあるが、これまでのメディアとは違い、文字、音声、画像などをディジタルデータとして統合的に利用できるマルチメディアである。また、情報の発信者と受信者が入れ替わることができる、双方向性をもつメディアでもある（表27）。このような特徴をもつインターネットを教育に利用する場合、

教育活動が「離れていてもできる」「短時間にできる」といった利点がある一方で、誹謗・中傷の書き込みや有害情報との接触など、問題点も数多く指摘されている。

したがって、児童・生徒をはじめ、利用者にメディアを活用した情報を提供する場合には、各教育メディアの特徴を理解したうえで適切な利用方法を指導しなければならない。

また、利用規則の策定とともに、学校図書館が所有するメディアを有効に活用できる制度の構築と維持が求められる。

表27　教育メディアの特徴

従来の教育メディア	インターネット教育メディア
書籍（辞典・辞書）、掛け地図など 　著作者がこれまでの経験や議論を基に、分類したり言葉の定義をして作成したものである 書籍（文庫など） 　著作者が自身の考えを基に、執筆したものである	Wiki 　ウェブ上で書き加えたり、修正したりすることができるシステムであり、インターネット上の辞典である「wikipedia」などが有名である コミュニティサイト（掲示板） 　誰もが書き込んだり閲覧したりすることができるインターネット上のサイトである 官公庁公式サイト 　国の機関や地方自治体などが行政情報などを発信するために公式に制作されたサイトである

さらに、子どもたちに向けて発信された情報のなかには、青少年の健全な育成に不適切なものも含まれている。

情報システムの管理者としては、図67のようなイメージに基づき、どのレベルまでであれば許容できるかを決めて、利用者に情報を提供する必要がある。

青少年の健全な育成に不適切な情報のなかでも、次のような有害情報への対応については、図書館や学校などで方針を決めておく必要がある。その際、特に人権問題になる事項は、慎重に検討することが大切である。

①犯罪成果情報・犯罪誘発情報

　児童ポルノなど、出会い系・非出会い系サイトなど

②差別誘発情報

　事件関係者の情報流出

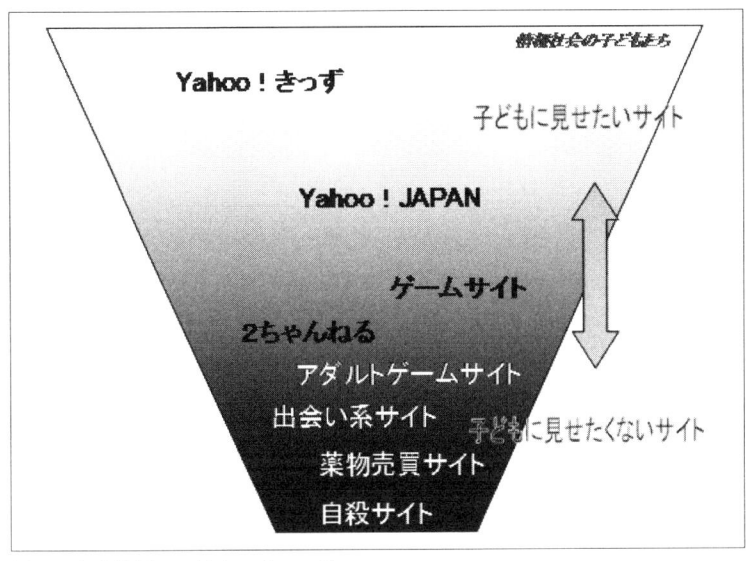

図67　有害情報への対応のイメージ

図68　情報モラルプレテストの例

5-3-2 利用促進の指導

　学校図書館の情報メディアを利用することによる課題に備えて、利用者の情報モラルに関する知識や意識を把握しておくことも大切である。したがって、図68のようなプレテストやアンケートを実施し、利用者の実態を把握する試みを検討する必要がある。

5-3-3 利用規約・運用規約の作り方

　利用規約や運用規約を作る際に検討するポイントは次のとおりである。
①IDとパスワードの管理についての説明
②校内ネットワークシステムの説明
③情報モラルに関する意識啓発
④違反行為に対する罰則の説明

　メールなど、個人的なコミュニケーションツールの利用については、図書館などの公共性が高い施設に設置してある情報機器（コンピュータなど）の場合は、設置目的に沿った利用に努めるように案内する必要がある。

　利用規約や運用規約は、校種や学年、学校の状況によって適切な内容を検討する必要がある。特に、ネットワークシステムについては、学校ごとに環境が異なると思われるので、各校で定めるのが合理的である。
　また、作成した利用規約や運用規約は、入学時のガイダンスやプレ入学などで入学予定者が来校する際に、指導を徹底しておく必要がある。その理由は、家庭やこれまでの学校とネットワークの環境に差がある場合、利用者が自分に都合がいい利用の仕方をしてしまい、後日、トラブルが発生することなどが想定できるからである。

運用規約の例

［規約のねらい］
第1条
この規約は、○○学校におけるインターネットでの情報の受発信に関し、利用者の権利と安全を保護する観点から、必要な事項を定めるものである。

［インターネット利用の基本］
第2条
○○学校でインターネットを利用する場合は、その効果を十分に検討し、立地する自治体の定める各種条例やガイドライン（個人情報保護や不正アクセス禁止、情報公開など）に沿って運用する。
また、どのような理由でも営利を目的とする活動および公序良俗に反する活動への利用を認めない。

第3条
インターネットの主な利用方法は、次のものとする。
（1）情報の発信
学校での諸活動についてウェブページおよびメールマガジンなどの情報メディアで発信する。
（2）情報の受信
学校運営に対する意見や要望をメールなどの情報メディアで受信する。
（3）情報検索および収集
ウェブサイトや電子メールなどを用いて学習に必要な情報を検索および収集する。
（4）遠隔教育
遠隔教育システム（テレビ会議や簡易チャット）などを用いて国内外の学校や教育機関と通信をおこなう。

［個人情報の管理］
第4条
ウェブページに○○学校に在籍する児童・生徒の情報を掲載する場合は、本人と保護者の同意を得ておこなう。また、掲載する個人情

報は次のものとする。
(1) 児童・生徒の氏名は原則的に掲載しない。都道府県レベル以上の大会などで表彰を受け、報道された場合は、個々に定める。
(2) 児童・生徒の写真を掲載する場合は、個人が特定できないように画像加工などを施したうえでおこなう。

第5条
電子メールや遠隔教育システムを用いた情報の受発信の場合は、教育上の効果が認められる場合に限りプライバシーの保護に留意しながら操作をおこなう。

［管理や指導の徹底］
第6条
児童・生徒が利用するパソコンやインターネットの管理は学校長もしくは学校長が指名した者が各種条例やガイドラインに基づいて厳正におこなう。また、利用に際しては児童・生徒に対する指導を教育効果だけでなく安全・安心の観点からも徹底する。

［取り扱い責任者］
第7条
学校長は、インターネットを適切に利用するための環境整備の責任を負い、管理を遂行する者を指名する。また、パソコンやインターネットの運用に関してはインターネット運用委員会を組織し、複数の教職員による合議制で定める。

5-4 まとめ

本章では、情報社会の進展に伴い、対応することが求められている情報モラル教育の考え方を解説した。特に情報技術の進化への対応と、情報モラル教育の観点からの対応について詳しく述べた。

●参考文献

第1章
- ●情報教育学研究会（IEC）情報倫理教育研究グループ編『インターネットの光と影──被害者・加害者にならないための情報倫理入門 ver.4』北大路書房、2010年
- ●鞆大輔『学生時代に学びたい情報倫理』共立出版、2011年
- ●凸版印刷「電子ペーパー」（http://www.toppan.co.jp/products_service/denshi_paper/index.html）
- ●「光村チャンネル」（http://www.mitsumura-tosho.co.jp/digital/）
- ●「電子書籍「自炊」完全マニュアル」「ITmedia」（http://www.itmedia.co.jp/keywords/ebook_selfmaking.html）
- ●情報教育学研究会（IEC）情報倫理教育研究グループ『情報倫理2012』実教出版、2012年
- ●文部科学省「新学習指導要領・生きる力」（http://www.mext.go.jp/a_menu/shotou/new-cs/index.htm）参照
- ●経済産業省『学校情報セキュリティ・ハンドブック──今日から始められるセキュリティポリシーの作り方』コンピュータ教育開発センター、2006年
- ●コンピュータ教育推進センター「学校情報セキュリティライブラリ」（http://www.cec.or.jp/seculib/index.html）
- ●厚生労働省「VDT作業における労働衛生管理のためのガイドライン」

第2章
- ●前掲『インターネットの光と影』
- ●前掲『情報倫理2012』
- ●前掲『学生時代に学びたい情報倫理』
- ●「個人情報」「法令データ提供システム」（law.e-gov.go.jp/）
- ●「日本ネットワークセキュリティ協会（JNSA）ウェブサイト」（http://www.jnsa.org/）
- ●消費者庁「個人情報保護に関する法体系イメージ」（http://www.caa.go.jp/seikatsu/kojin/）
- ●「個人情報保護法に関するよくある疑問と回答」（http://www.caa.go.jp/seikatsu/kojin/gimon-kaitou.html）
- ●「Facebook 1000アカウントが15ドル？ 闇取引される情報の「お値段」」「トレンドマイクロセキュリティブログ」（http://blog.trendmicro.co.jp/archives/4828）
- ●「プライバシーマーク制度ウェブサイト」（http://privacymark.jp/）
- ●「日本情報経済社会推進協会（JIPDEC）ウェブサイト」（http://www.jipdec.or.jp/）
- ●日本書籍出版協会／日本雑誌協会「出版社における個人情報保護対策の手引」（http://www.jbpa.or.jp/pdf/guideline/privacy0502.pdf）
- ●「Yahoo.co.jp」のメールサービス画面

第3章
- ●前掲『インターネットの光と影』
- ●前掲『情報倫理2012』
- ●前掲『学生時代に学びたい情報倫理』
- ●「著作権」「知的財産」、前掲「法令データ提供システム」
- ●「文化庁ウェブサイト」（http://www.bunka.go.jp/）
- ●「日本音楽著作権協会（JASRAC）ウェブサイト」（http://www.jasrac.or.jp/index.html）
- ●「著作権情報センター（CRIC）ウェブサイト」（http://www.cric.or.jp/index.html）
- ●「私的録音補償金管理協会（sarah）ウェブサイト」（http://www.sarah.or.jp/）
- ●日本書籍出版協会「学校等での複製 ガイドライン」（http://www.jbpa.or.jp/guideline/index.html）
- ●「特許庁ウェブサイト」（http://www.jpo.go.jp/indexj.htm）

- 「特許電子図書館（IPDL）」(www.ipdl.inpit.go.jp/homepg.ipdl)
- 「山口大学大学院技術経営研究科 木村友久研究室ウェブサイト」(http://www.kim-lab.info/index.html)

第4章
- 前掲『インターネットの光と影』
- 前掲『情報倫理2012』
- 前掲『学生時代に学びたい情報倫理』
- 前掲『学校情報セキュリティ・ハンドブック』
- 前掲「学校情報セキュリティライブラリ」
- 有賀妙子／吉田智子『新・インターネット講座──ネットワークリテラシーを身につける』北大路書房、2005年
- 「交通エコロジー・モビリティ財団ウェブサイト」(http://www.ecomo.or.jp/barrierfree/pictogram/picto_top.html)
- 全国学校図書館協議会「全国学校図書館協議会ホームページ評価基準」(www.j-sla.or.jp/pdfs/material/hyoka.pdf)
- 西端律子／林英夫／山上通恵『メディアリテラシー──情報を読み解き、発信する』(情報books plus!)、実教出版、2004年
- 「国立国会図書館ウェブサイト」(http://www.ndl.go.jp/)
- 「国立情報学研究所（Nii）ウェブサイト」(http://www.nii.ac.jp/)
- 「いとちりポータル」(http://www.itochiri.jp/)
- 前掲「特許電子図書館（IPDL）」

第5章
- 前掲『インターネットの光と影』
- 前掲『情報倫理2012』
- 前掲『学生時代に学びたい情報倫理』
- 「不正アクセス禁止法」「青少年インターネット環境整備法」、前掲「法令データ提供システム」
- 文部科学省生涯学習審議会「新しい情報通信技術を活用した生涯学習の推進方策について（中間まとめ）」(http://www.mext.go.jp/b_menu/shingi/old_chukyo/old_gakushu_index/toushin/1315209.html)
- 「警察庁 サイバー犯罪対策」(http://www.npa.go.jp/cyber/)
- 「警視庁 情報セキュリティ広場」(http://www.keishicho.metro.tokyo.jp/haiteku/)
- 「富士通フロンテックウェブサイト」(http://www.frontech.fujitsu.com/)
- 警察庁「不正アクセス行為の禁止等に関する法律の概要」(http://www.npa.go.jp/cyber/legislation/gaiyou/gaiyou.htm)

注：各URLは2012年12月末時点のもの。

あとがき

　パソコンが誕生して40年あまり、インターネットが生まれて30年あまりという時代になり、家庭や学校、職場でパソコンを操作するのが当たり前になっている。そして、ディジタルネーティブと呼ばれる、物心ついたころにはすでに携帯電話やパソコンが身の回りにあふれ、インターネットを使うことができて当たり前という世代が増加している。

　彼らが、安全な情報社会で学び、安心して生活していくためには、自らが学び手だという当事者意識の育成だけでなく、情報メディアを活用した学び場での適切な支援が必要である。そして、そのためには図書館や学校図書館は、情報社会の進化に対応し、影に対処するための司書や司書教諭の学びと成長を欠かすことができない。

　本書によって、安心で安全な情報社会で図書館や学校図書館での学びが深まる手伝いが少しでもできれば、執筆者として幸いである。

2013年2月　　　　　　　　　　　　　　　　　　　　　　　　阿濱茂樹

[著者略歴]
阿濱茂樹（あはま・しげき）
1974年、山口県生まれ
山口大学教育学部准教授
兵庫教育大学大学院博士課程修了、博士（学校教育学）
専攻は技術科教育、情報倫理
共著に『コンピュータのしくみ』（実教出版）など

図書館と情報モラル

発行─────2013年3月15日　第1刷
定価─────2000円＋税
著者─────阿濱茂樹
発行者────矢野恵二
発行所────株式会社青弓社
　　　　　　〒101-0061 東京都千代田区三崎町3-3-4
　　　　　　電話 03-3265-8548（代）
　　　　　　http://www.seikyusha.co.jp
印刷所────厚徳社
製本所────厚徳社
Ⓒ Shigeki Ahama, 2013
ISBN978-4-7872-0049-5 C0000

大串夏身／吉田直樹／福林靖博／山崎博樹 ほか
最新の技術と図書館サービス
図書館の最前線2

IC技術の発展とその活用は図書館サービスを大きく変えつつある。IC技術を積極的に活用した利用者サービスの実践例として、ICタグ、情報発信、資料のデジタル化などを取り上げ、図書館の可能性を明らかにする。　2000円＋税

中山伸一／志村尚夫／村上泰子／山本順一 ほか
情報メディアの活用と展開 改訂版
学校図書館図解・演習シリーズ1

デジタルメディアの急速な普及で激変する知の最前線＝図書館には新たな役割が求められている。従来のレファレンスの枠組みを超えた情報活用スキルを解説し、情報化に対応できる司書教諭を養成するためのテキスト。　1800円＋税

志村尚夫／北 克一／須永和之／村木美紀 ほか
学校図書館メディアの構成とその組織化 改訂版
学校図書館図解・演習シリーズ2

デジタル時代に即したメディアの特性をふまえて、それぞれに適した効率的・実践的な分類法と整理法を提案することで、メディアセンターとしての学校図書館の役割とそれを具体化するための組織化の方法を提言する。　1800円＋税

大串夏身／天道佐津子／小山響子／山田万紀惠 ほか
学習指導・調べ学習と学校図書館 改訂版
学校図書館図解・演習シリーズ3

多様化するメディア環境で、学校図書館に求められる役割とは──。国際化・情報化を視野に入れた情報サービス機関としての学校図書館の役割とメディアの使い方に焦点を当て、授業での活用法を具体的に提示する。　1800円＋税

大串夏身
これからの図書館・増補版
21世紀・知恵創造の基盤組織

日本の図書館は現在のサービス水準をさらに高め、知識・知恵の創造に積極的に貢献しなければならない。レファレンス・サービスのあり方や司書の専門性、地方自治という視点から、これからの図書館像を大胆に提起する。2000円＋税